如何讀懂人心是一門有趣的心理科學，
心理專家告訴你 117 個洞察人心的妙方。

# 馬上活用讀心術

章子德　著

# 前言

在人生的道路上，無論是交友、求職、推銷、買賣，還是從政、當小老百姓，都不可避免要與人打交道。而這時，每個人出於各種不同的考慮，主要是為了保護自己，都會小心翼翼地掩飾著真實的自我，惟恐他人窺見自己的內心世界。

世事複雜，人心難測。人們的內心世界變化豐富多彩，以致我們在很多時候都因無法把握而面臨無言的尷尬，以致遭受挫折。很多人，尤其是初出茅廬的年輕人常常因為缺乏辨別他人意圖的經驗而導致失戀、失業、求職失敗、錯失交易良機、遭人誤解……老闆明明是想讓你表達忠誠，你卻誤以為他好像要你滾蛋了；女友明明暗示你戒指太貴了，你卻誤以為她在怪你太浪費；對方明明表示他希望你提供建議，你卻以為他故意對你拍馬屁……

所有這些都讓你迷惘、徘徊，令你無法理解、不可思議的……這一切在你面前始終有種無形的壓力阻擋著你、困擾著你。本書將為你打開你心中那扇厚重之門，使你有撥雲見日之感，心情豁然明朗！

你知道嗎，很多人在不知不覺中表現出來的動作、下意識脫口而出的語言、無意中做出的姿態等，都可以成為我們明白其心態的線索。只要我們用心，就可以從這些細微之處洞悉其心機，識別其本質，體味人情冷暖。從中我們可以學會探索他人的心態，深入瞭解他人的內心世界，繞過生活中的險灘，躲過近在咫尺的危機，從而更加從容地融入社會，遊刃有餘地面對人生的挑戰。

總之，其實「看透人心」並不難，只是我們沒有掌握正確的方法。我們常說「日久見人心」，可在這個快節奏生活的時代，人與人的接觸已經成了速食式，因此，在短時間內洞悉一個人的內在世界就成為迫切需要掌握的技能。

不論你想看透一個新結識的朋友、一個生意伙伴，還是你的上司、同事，或者只是一個陌生人，在這裡你都可以找到瞬間掌握他們的心理密碼。本書將成為你洞悉人心的最佳指南。

# 目錄 Contents

## 第三部分・男孩女孩在線上……064

## 第二章 怎樣解讀肢體語言……084

# 第一章

# 破譯男女的愛情密碼

我們不可能完全相信語言，因為人總是難免會說謊。戀愛中的人因為愛情的需要，總是在有意無意間掩蓋自身的缺陷或想法。不過，沒有人可以隨心所欲地支配身體語言，做到無懈可擊的地步，不經意間的小動作總會暴露他或她內心的真實想法。這就是我們解讀對方心態的線索，據此可以破譯對方對愛情、對你持有什麼樣的心理密碼。

# 第一部分・女孩在線上

## 1 如何從約會中看出男友的心態

一般而言，女孩子如果要「測試」戀人對自己的態度，最常用的「伎倆」就是約會時故意遲到。透過男孩等女孩的神態和動作，就可以推斷出他對你的態度。

他也許早早地在約會地點等候，臉上露出焦急、不安的神情，不停地走來走去。這種動作表現了他內心的焦慮，他很擔心你，以為你出了什麼事或者失約了。但是，隨著你的到來，這種不安馬上不見了——這樣的戀人非常在乎你！

如果他把胳膊交叉於胸前，那麼在你到來之後，他肯定會發一陣牢騷。等你的時候，他一定在想：「我倒要看看你究竟什麼時候到？」這是他和你在賭氣，甚至於想操控你。其實，對你不滿就應該直接講出來，而不是發牢騷——這情況也不能說他不愛你——但他最愛的肯定不是你，而是他自己！

也許，他還可能採取一隻手握著另一隻胳膊的姿勢。這說明他在控制自己，隱藏自己的心情。他對你的姍姍來遲很不滿，但他不發脾氣，因為你畢竟是他十分珍惜的人——他最終還是選擇體諒你！

或許你的戀人正把手插在口袋裡等你。這說明他在享受這種等你的感覺，也相信你不會遲到太久。他守時，也很討厭遲到，但出於對你的愛，他依然會彬彬有禮——希望你下次約會能準時一點哦！

## 2 如何從感冒時判斷對方的愛情溫度計

約愛會使人失去理智，使人甘願自我犧牲。它使我們願意把自己的歡樂放進別人的快樂裡，把自己整個人都獻給所愛的人。

戀愛中的你難免精神亢奮，非要在寒風凜冽的時候去海邊觀浪。結果在意料之中：你感冒了。戀人來看你。你的單身宿舍裡只有一隻水杯，於是你把自己剛剛喝了一口的水杯遞到他面前：「要不要喝？」

你的戀人知道你感冒，也知道那杯水也許會使他傳染上感冒，他卻毫無顧忌地把水喝下去。這時，你對他愛你的情意可以絲毫不懷疑，他是真心實意地喜歡你。但換個角度想，你讓他喝可能會傳染感冒的水，是不是不夠在乎他呢？

如果你的戀人巧妙地避開你碰了杯口的位置把水喝下去，就表明他很能體貼你、順應你，但對你的愛情帶著一點功利性的企圖。對於這樣的戀人，你可不要全拋一片真心，因為他很可能在你最需要他的時候調頭離去。

面對你遞過來的杯子，他一本正經地說：「不喝了！我一點也不渴。」那麼他的心態是既不損人也不利己，很識時務，有心機。但愛情本是純潔的，用謊言搪塞自己的戀人，他對你恐怕不一定是一片真心。

如果你的戀人對你說：「小壞蛋，你想讓我也和你同病相憐嗎？」也就是暗示你「感冒是會傳染的」。最後並沒有把水喝下，他的確是一個值得你託付終身的人。他誠懇、體貼、溫柔，對你充滿信任和理解，也懷著深沈的愛。和他交往，一定錯不了。

# 3 如何從牽手看他對你的關心程度

手牽手是一種表示關係親密，心靈相通，相互接納和認同的行為。牽起愛人的手，那種甜美的感覺會傳遍全身，奇妙無比。你和戀人肩並肩、手牽手走在街上，另一隻「空閒」的手，會有些什麼動作呢？

手指頭的動作會表現微妙的心理傾向。尤其是和戀人相處時，手的動作最能透露出一個人對戀人的關心度。如果戀人另一隻手的手指各自分離，指頭之間空隙較大，表示此時他的情緒不太安定，處於焦躁不安的狀態。

他的五根指頭全部伸直的話，表示他的精神狀態目前非常安定。他會盡力而真切地關心你，對你非常在意，但又很懂尊重你，不會干涉你的個人生活。

如果戀人的另一隻手只伸直了食指，那麼他很可能對你心存不滿，稍不如意，就會以為你傷了他的自尊心。至於關不關心你，很明顯，他只希望你關心他。如果對方的另一隻手握緊拳頭，乃是極度緊張或想向你有所訴求的意識表現，說明當時的環境狀況也許讓他很不舒適。他很在意你對他每句話的反應，心理總有些戰戰兢兢地。

另外，如果他一邊牽著你的手，一邊將另一隻手插入褲袋，那表示他生性浪漫，個性大而化之，有這種戀人心情上會很輕鬆，不會有太大的精神負擔。

## 4 如何從漫步時遇阻測知情人的心態

雖然丘比特的神箭射過很多人，但對你而言卻是第一次。你很在乎對方，卻不知道對方的真實想法；想問一問，卻因害羞，又不好意思開口。

當你和戀人手牽手在小巷中或在公園的小徑漫步時。突然，一群嘰嘰喳喳的國中生不解風情，無視你們的存在，迎面徑直走來。小巷子並不寬，這時狹路相逢，你的戀人會做何反應呢？

如果戀人為了避讓那群年輕人，馬上鬆開你的手，以致於你們「分道揚鑣」，路走兩邊，那麼，你就該對他的柔情蜜意表示懷疑了。因為儘管剛才你們還似情意無限，一旦出現意外，他就把你我分得那麼清楚，說明目前他對與你的交往並沒有付出多大的誠意。也許你們還沒有達到水乳交融的程度。

如果面對打擾，戀人並沒有鬆手，且主動往你這邊移動，倘若是男性，則表明他心中很重視你，能夠體貼你，也很懂得你的需要；倘若是女性，則她肯定真心愛你——無論對方力量如何，對方都想為你奉獻，保護你。所以，和對方交往結為伴侶，是可以很安心的！

若是戀人往自己這一邊拉你，這表明對方渴望在戀愛中佔據主導地位。他或她不是不愛你，只是愛自己更多一點；不是不在乎你，但他更在乎自己。

當然，還有一種情況，就是戀人並不理會迎面而來的人群，仍然牽著你的手，邁著步，雄赳赳氣昂昂地想要從他們中間穿過。那你就大可放心了。因為這樣的人即使有點任性和衝動，卻非常愛你。在他的潛意識中，就算你們的愛情受到了阻擾，他也有堅持到底的決心。他是一個意志堅定的愛人。

## 5 如何從停車位置看男友的心思

從一個人開車的姿勢、速度，可以看出他的性格；而從他停車的位置，可以看出他當時的心態。尤其是戀人開車，他會不會因照顧你而把車停於你方便活動的地方呢？

男友帶著你開車兜風，中途準備在一家百貨公司的停車場停車。那麼，在很多空的泊車位中，他會選擇哪一個？

如果男友非常懂得體貼你，他就會把車停在百貨公司地下停車場靠近電梯的附近，假設停車場有好幾層樓。為了方便起見，他也會多繞幾個樓層也無所謂。他總是先考慮你。當然，這個車位因為靠近電梯，內行人都會這麼選擇。但他這麼做，至少說明他考慮問題較為周全。

如果他不假思索地選擇了一個旁邊停有一輛高級豪華車的車位，說明他想對這輛豪華車提出挑戰，有點比一比，不服輸的勁頭。你的男友很自信，而且喜歡在你面前表現自己，這種人往往會懷有一種虛榮心。如果他哪天發現你對他並不太在乎，就會感到壓力很大。

也許你的男友會選擇一個四周空位很多的停車格。乍看之下，是因為上下車比較方便，但實際上是他對自己的駕駛技術缺乏自信。你的男友有一些自卑心理，在人前有時會表現得畏畏縮縮、不太自在的神情。

另外，他可能一找到空位，無論是哪一個，反正是他最先看見的那一個，就馬上選擇了。那麼，他肯定有一種搶先的心理。你的男友有點急躁，也很熱情，對你和他的關係充滿信心和希望。

# 6 如何從兩人逛街時摸清他對你的態度

和戀人逛街是一件讓人相當愉快的事。無論你們手拉手，肩並肩，彼此凝視、聊天或一起觀賞櫥窗等等，都會感受到和對方心靈的默契。這種感覺美妙無比！

你和他去逛街時，你們的位置關係如何？很多人都沒有意識到此事。你和他一起走路時的位置，在不知不覺中已成固定型態。那麼，他對你的感情到底如何？

他喜歡走在前頭。那麼，對他而言，女性、工作都只是他為達到晉升、達到目的的手段罷了。若有可能，他會不惜來個「政治婚姻」。他是個典型的大男人主義者，希望戀愛中，你能更多地依賴他。女性只是他生活中的一件擺設或是配件。

如果他走在你的後面，說明他也很重視戀愛。不過，他不會因你而放棄名譽和地位。戀愛中的他，雖口口聲聲說「你比工作重要」、「你是我生命中最重要的一部分」，但到了婚後，他會逐漸變成一個工作狂，工作變得比你更重要。

如果你們倆緊緊並排走的機率特別多，另外，如果在窄巷你們與迎面而來的人錯身，他會上前一步，保護你於身後！那麼恭喜你，你在他的生活中是第一位的。總之，他不能沒有你。他把你看得比什麼都重要。婚後的他，凡事以家庭為重。一且你反對，他必會聽從你的意見，放棄晉升更高的職位。換句話說，他的前景已經掌握在你的手中了。

你們雖然是並排走在一起，但彼此中間稍有空一些距離，表明工作和戀愛對他來說同等重要。他認為男性和女性是平等的。所以，凡事他都會徵求你的看法再做決定。不過，他稍有點優柔寡斷。這種性格或許是個缺憾。既希望出人頭地，又希望獲得愛情的他，兩頭落空的危險性極大。

## 7 如何從道別方式判斷他愛你有多深

約會回來，情侶們仍是情難自制。那份甜蜜攪得你心潮澎湃……和戀人約會回來，儘管依依不捨，總有說再見的時候。這時，他會如何和你道別？

你細觀察他和你道別時的動作，從他不經意間的動作探明他內心的想法。

如果道別時他還含情脈脈、深情依依地望著你，那他一定是個很溫柔體貼的人。他不會無理取鬧，很講道理。他對你一往情深，只會憑藉真情實意打動你。

若他在道別之後，就頭也不回地離去，也不能說他對你無情。雖看似很冷酷，不過他的內心還是很溫柔的。別以為他一點兒也不在意你。他只是太樂觀了，不太在乎身邊的小事，而且對自己極為自信，覺得用不著非得深情款款才算表達愛情。他是一個粗線條的人。

道別時會特意與你握握手的人，其實，他是想擁抱你，甚至想吻你。他已經被你深深地吸引了，熱烈的愛情使他此時幾乎難以自控。

也有人在分開時，會用深情的眸子凝視著你，彷彿有著千言萬語要說又欲言又止。他雖然很想對你表達愛情，卻一直苦於不得其法，因而無法向你傾訴。他覺得很寂寞，心中有話口難開，所以唯有用眼睛傾訴！

## 8 如何從生日禮物判斷他對你是否真心

生日，是每個人來到這個世界的第一個紀念的日子。熱戀中的情侶更會牢牢記住對方的生日，不管是以簡單溫馨的方式、或是浪漫真誠的方式來度過，都會以此增進感情，讓人感到開心。

你的那一個他，一定會幫你慶祝生日吧！若你有意測測他的真心，一定要注意他送你的禮物是什麼。你可以透過他送給你的生日禮物，來推測他愛你有多深。

如果他為你選了一枚高雅而精緻的戒指或其它掛件，你心中的他一定是個富有責任感的男孩，談戀愛鄭重其事，對你的愛也是真心誠意。他已經把你看作可以陪他走過一生的另一半啦！因為首飾具有很莊重、虔誠的意味。

如果他送你一件上次逛街時看中的時裝，那表明他有大男人主義傾向。雖然他在愛情中表現得很積極，但要和他進入婚姻的殿堂可能還為時尚早。即使他真的很愛你，你也要考慮一下，他是否真的適合你。否則一旦上了賊船，就悔之晚矣！

如果他別出心裁地策劃了一次旅行，那麼，他對愛的追求可能更多地側重於兩個人之間的性愛。他選擇這種方式慶祝生日，分明是對你有所企圖，除非你也想試試那方面的「契合」，否則就不要太輕率行事了。

## 9 如何從情人的禮物判斷他的真實想法

生日？升職？加薪……如此值得慶祝的好事，他總不會無動於衷吧？

得到禮物是令人愉快的。女人希望得到禮物，是因為她能從得到的禮物中體會到送禮贈物之人的一片心意。

禮物中包含著送禮者的用心。藉此禮物，你就可知道，他對你有何想法。

戒指、耳環等裝飾品幾乎就是送禮者的「替身」，含有一直想跟在你身旁的意思。項鏈、手鐲等是「鎖鏈」的象徵，表示對方想擁有你，時刻緊緊地抓住你。

如果他送花，那就是他打心底認為，你是個有女人味的美人。男人送給女人的禮物中，最受歡迎的就是花。花是女性的象徵，意味著美麗和清純。如果那花是由對方親自採來送給你的，那麼送花含有願意為你做任何犧牲、任你吩咐的意思。

若男友送你手帕，則他是在對你說：「忘了過去吧！」手帕或毛巾等含有「潔淨」的意思。用在男女之間，很可能是想清算過去；但也可能是請你忘記過去的不快。他對你過去的挫折可能瞭若指掌，所以藉此表達情意。但這也說明此後他將全心全意地愛你。

水果或巧克力等含有一起吃或一起玩的意思。就更深層次的意義而言，也可說是象徵「遊戲」。吃完就走，不會留下任何證據。他也許只是把你視為愛情遊戲的對象。當然，如困你能在交往中吸引住他，將來也可能發展至更深一層的關係。

如果他送你貼身衣物，意指「我是你的奴隸」。貼身衣物當然有性的意味，也是奴隸的象徵。越是高級奢華，越能成為成人男女關係間的香料。

送高級手錶或是手機、筆記電腦，是希望你能隨身攜帶的男性，有兩個目的：一是誇耀自己的財力；另一個是希望一直擁有你。

送衣服的男性，可以說是很自我的人。也就是說，他是憑著自己的興趣決定你的喜好。尤其是，他買衣服時若沒有帶你去，你大可認定，他是個獨行獨斷的人。

如果他只是送小東西，說明他對你很淡然。雖然他深受你他所未知的部分吸引，但他對你實在很不瞭解。當然，不瞭解不一定是表明不愛，只是愛的基礎還太薄弱。你應該讓他更瞭解你。

他若送你CD，說明他是以精神上的滿足為第一考慮的人。他很仰慕你，藉由音樂表達對你的愛慕之意。他是個很浪漫的人，也是個很尊重你的意志的人。

## 10 如何在吵架之後判斷雙方關係的深度

人與人之間吵架是不可避免的，即便是戀人也不例外。那麼，與戀人吵架了，怎麼辦？別急，你可觀察吵架後他表述情緒方式，便可明白他會不會提出分手。

在調整心緒的這段日子，你的戀人去了哪裡？

如果他選擇到海濱去走走，或到山林間呼吸一下新鮮的空氣，讓身心做一番調適，那表明他對恢復你們的關係期望仍然很深，根本沒有同你分手的打算；他不僅沒有死心，反而會「捲土重來」，重整愛的風帆。

也許你的戀人哪兒也沒去，就躲在家裡大門不出，二門不邁。不是一聲不吭，神情恍惚，就是拚命抽菸或喝酒，滿屋子亂七八糟。這說明他很壓抑、很痛苦，在處理感情問題時比較消極。他對恢復往日的關係抱有很大的期望，但他有些自虐傾向，屬於被動型的。他的這種拘謹和退縮，很可能使你很難再去抓住這份感情。

他也可能乾脆來一次海外旅行。那麼，在他心中，愛情絕對需要雙方共同培育和悉心呵護。他對愛情的挫折很看得開，也充滿希望，總是能冷靜面對，並設法擺脫目前的煩惱。

如果常和你吵架的戀人跑到渺無人跡的地方（如靜修打坐或禪寺）去調整心緒，那表明他的確是傷透了心，對你們的關係已經絕望。他對愛情的期望值也許太高，從而忽略了現實的殘酷。你們的關係一旦受挫，他就會被痛苦折磨得死去活來。結局就是——分手了。

# 11 如何從穿著判斷他對女人的心態

衣服是人的外包裝，最能彰顯一個人的個性，它會反映出人的某些深層次心理。儘管現在的服裝款式風格多樣，但從某些共同的細節上，我們仍可看到穿者的心態。他喜歡穿什麼樣的服裝？你有沒有觀察過？從他的穿著上，可以看出關於他的很多內在的心態。你可以由此判斷出他對異性的態度。

他總是西裝筆挺或衣著考究。那麼，他必是喜歡那種注重生活品質，在情感上執著專一的女人；他需要善於表達感情，懂得關懷家人，理智又感性的優雅女子，美麗動人，同時又能共同享受生活的伴侶。

如果他的衣著寬鬆舒適，那表明他喜歡那種情感細膩，懂得重視他的物質需要和生活細節的女性。因為他渴望呵護和關懷，賢慧善良、有家庭責任感，較為傳統的女性是他的第一選擇。

他衣著頗具個性，喜歡輕便型的優雅品牌服飾。那麼，他喜歡重視個人成長，有才華，略帶權威自主型的成熟女子。這種女人最好治家理財有方，能讓他享受優越的物質生活。但他不是一個輕易妥協的男人。因此，要和他廝守一生，必須懂得適可而止。他會讓你盡情發揮，尊重你，讓你擁有自己的一片天空。

若他非常喜歡穿名牌，他必然喜歡交際高手型的女人。這種女人溫文爾雅、秀麗大方、善解人意，永遠保持進退得宜的美好形象，有基本的治家、理財能力，可能也是精通外語，重視良好人際關係的建立。

若他很少追逐流行或不輕易改變服裝的式樣，表明他喜歡出身不凡或有特殊氣質，重感情，尊重生命及生命之價值，追求有意義之人生的女性。他重感情，也非常需要感情，不會輕易離開他所愛的人。他絕不會娶一個他不愛的女人。婚後他重視家庭生活，以家為中心。但是，在情緒不好的時候，他的逆反心理也很強。

一個不喜歡穿新衣的男人喜歡善於照顧自己，家庭觀念強，能夠獨立照顧子女，重視子女的教育，責任感強，甚至有良好的烹飪技術的女人。他的家庭責任感強，不會太在乎女人的外表，而是注重品德。

如果他總是常常脫掉外衣，那麼他喜歡有女強人味道的女性。能洞察他的需要，滿足他的欲望，提供有效的建議，使雙方有著實際又有效率的生活方式的女人是他的最佳伴侶。她應該有品位，滿足他的物質需要，不會讓他煩惱，能夠給他一個舒適的家。

他喜歡運動休閒服裝。那麼，他喜歡教育程度高，重視人生理想和目標，人際關係良好，能夠獨挑大樑或具有特殊才能的女子。雖然他會認為這種女人有時太以自我為中心，但因為這樣的女人能在生活中帶給他很多安全感，權衡利弊之後，他寧願選擇這樣一個可以信賴的女強人作為終身伴侶。

## 12 如何從攜帶手機的方式判斷他喜歡哪種女性

手機在目前已演變成現代人不可或缺的生活工具，除了通訊功能，還可上網查詢各種資訊，發送LINE，也可以當成記事本、手錶、日曆……更重要的是，它是戀人之間表達愛意的橋樑。如果你和他相處得不錯，但你不知道怎樣才能討他的歡心。那麼，你完全可以透過他使用手機的方式，來探究他的內心，從而瞭解如何才能吸引他。

若他喜歡把手機掛在腰間（在皮帶上的套子），表明他喜歡溫柔賢慧又有主張的女人。他不喜歡膽怯幼稚的女人，而需要理念相同的異性伴侶。他若還沒有穩定的兩性關係，會像浪子一樣遊走在女人之間。

如果想讓他更喜歡你，要懂得注意他的感覺和需要，還要注重衣著的品位。你必須懂得適時關懷並暗示他，給他機會。因為他是主動型的男人，直到他有了反應，你才可以進一步地表達愛意。

他也許喜歡把手機拿在手上，那麼，他喜歡的是對他的事業有幫助的女人。他需要一個精明能幹又很有潛力，能幫助他創造幸福人生的賢內助。

他的野心使他懂得欣賞各種女人的優點，他希望婚後的妻子能夠分擔較多的家務和教育子女的工作。在感情上，他不是一個輕易放棄和服輸的人。所以，如果女人對他沒有長期的助益，恐怕你們之間的關係不會維持太久。你必須是一個可以滿足他的野心的女性，在性生活上也必須全力配合。

如果他喜歡把手機放在皮包裡，那麼，他肯定喜歡以保守穩健的態度漸進地發展兩性關係。他喜歡溫柔、和善、母性意味濃厚，可以寬容他的女人。

如果你聲音動聽，憑著賢淑而緩慢清脆的談吐，乾淨整齊的外表，良好的家世和教養，就可以打動這類男人的心。別忘了向他強調你賢妻良母的特質，而且在他瞭解之後，你才可以主動追求他。在被誘導之後，他就會成為主動追求你的人。

他是不是喜歡把手機放在褲子後面的口袋裡，那麼，他心目中的女人應該是小鳥依人型的，不會處處依賴，具有良好的持家能力，善於管教子女，可以獨立照顧家人而不需要總是徵求他的意見。

想獲得他的青睞，你必須在情感上從一而終，不應該有太多愛情的經驗。另外，還要讓他知道你是一個很有愛心的女人。

經常把手機掛在胸前的男人，喜歡的是獨立而有主見的女子，很注重兩人是否具有共同的興趣、愛好。他是一個需要展現人生理想和目標的男人，喜歡過一種前衛的生活，因此喜歡兩性關係的自由和平等。

所以，你應該做一個時髦的女孩，懂得搭配前衛的裝扮，個性活潑又和藹可親，利用外向獨立的性格引起他的注意。當你們相處時，要懂得配合他的興趣。

## 13 從男友喜歡的哪隻手指看他愛你有多深

你是否為不知道他對你是否真心而苦惱？相處已有一段時間了，他對你很體貼，可你卻為該不該對他付出多一些的感情而十分迷惘……

事實上，針對這個問題，只要伸出你的手，讓對方選擇其中他最喜歡的是哪根手指頭，就可以解決了。

如果他選擇大拇指，說明他對你幾乎死心塌地，唯命是從。說穿了，你是他心目中的女神，他甘心永遠拜倒在你的石榴裙下。但他的嫉妒心很強，所以不能不小心，多觀察對方的嫉妒心會不會變成一齣悲劇？

如果他選擇食指，表明他對你可不是那麼單純！如果你很欣賞他，願意付出完全的自己，那就危險了——他可能是一個逢場作戲的花花公子。

他可能對你的中指比較有興趣。那麼，他肯定不夠喜歡你。他只不過想跟你做個朋友。如果你想進一步和他交往，必須付出相當大的努力。

或者他會選擇你的無名指吧！這表明他非常愛你。他愛你愛得讓人無所適從，甚至殷勤得讓你反感。這時，你不妨送他一兩本勵志書，鼓勵他應該自立自強些。

如果他選擇你的小指，說明他暗戀你已經很久，卻始終不敢流露自己的情感。你若鍾情於他，就要暗示他一下。也許你們可以比翼雙飛，不要錯過緣分唷！

## 14 如何判斷分手之後你們是否能復合

戀愛時的男女都希望對方完美無缺，容不得對方對自己的專情，有半點閃失和忽略漠視的情況。特別是一些人，只要稍有一點不如意，就恨不得盡快分手。

年輕人難免要為年輕付出代價，特別是愛情，因為所謂的初戀就是還不太懂愛情的新生。一時意氣用事，很容易後悔，若能挽回最好能挽回。但是，你若想挽回，最好先洞悉對方的心態，否則你會很尷尬的。

如果你有一天走在大街上，無意間撞到已分手的男友迎面而來。正巧他也看到了你。此時他會怎麼做？如果你仍對他仍是舊情難忘，那麼請注意他的動作。藉此，你可以看出你們有沒有重歸於好的可能。

假如他故意東張西望，之後從你身邊一閃而過，那麼，別再對他心存幻想了，你們之間的感情已不可能復合。因為他顯然是在迴避你。可能現在他的身邊已另有他人，他不希望你介入他的生活，更不希望你去打攪他。愛過之後已形同陌路，此情只能永埋心中了。

他向你走過來，很自然地與你寒暄。他雖然不排斥和你見面，但很顯然，他只是把你當作一位普通朋友，愛的火焰已經蕩然無存。你不妨做得瀟脫點，用同樣的方式對待他，把他當成一個普通朋友。該去的都去了，不必再挽留什麼。

如果那位男友走到你面前，有點尷尬，手足無措，欲言又止，那麼，他肯定後悔和你分手，但又害怕你不給他機會，所以不敢表達對你的思念。然而，他的眼神卻背叛了他，把他真實的內心世界暴露無遺。如果你也還很愛他，可以試著主動點。走出這一步，你們復合的可能性還是很大。

寒暄之下，如果他很關切地詢問你的近況，甚至問到你現在交男朋友了嗎，那他分明是在彌補他的過失，渴望挽回你們的戀情。關鍵取決於你的態度。如果你還想和他在一起，那就再給他一次機會，或許你會發現，你們的愛是可以重來的！

## 15 從吃蛋糕看出你在他心目中的分量

戀愛中的女人總希望自己是對方的最後一位女朋友，男人則希望自己是情人的第一個男朋友。不過，在女性的潛意識中，不僅希望自己是對方的最後一個女朋友，同時也希望是他的初戀。

你是不是他的初戀？或許你早已知道，在你之前，他曾經有過一場轟轟烈烈的戀愛。於是，你難免患得患失，怕他舊情難以釋懷，你不過是他寂寞時的填補。聰明的你可以帶他去吃蛋糕。擺在他面前的蛋糕，在你的「精心策劃」下，蛋糕卻「無意」中掉到了地上。這時，你的戀人……

他會不假思索地彎腰把蛋糕撿起來，毫不在意地吃掉。如果你不是他的初戀，說明他對初戀情人還有點戀戀不捨。但無論你是不是他的初戀，恭喜你，他非常愛你。即使你犯了錯，他也不會怪你，一心想與你共同承擔。

如果對方只僅僅輕描淡寫地說：「算了，不要吃了！」說明他對初戀的態度並不認真。一個對初戀不認真的男人，還會對哪段感情認真呢？

或許你的心上人對掉在地上的蛋糕很惋惜，但他並未撿起來吃掉，而是讓服務生來一份一模一樣的。這種行為透露出他對初戀的珍視。如果你有幸遇到這類戀人，而你恰好是他的初戀情人，他會把你永遠放在心靈深處，終生都難以忘懷。

當然，如果你不是他的初戀情人，也不用太緊張，因為他也並非那麼呆板。雖然他眷戀過去，但也不會放棄追求未來。只要他喜歡你，就會全心全意地付出。

## 16 從房間用途透視他對婚姻的心態

房子是我們用來保障基本安全的建構。誰都夢想著有一間屬於自己的房子。這時候，房子就是我們任意揮灑自身個性的地方。

如何使用屋內中最向陽的房間，可以透露出他對以後婚姻生活的期望。

在最向陽的房間內擺張餐桌，當成餐廳的人，對婚姻懷有極大的夢想。他希望轟轟烈烈地戀愛一場，並期望有個華麗的婚禮，婚後兩人還能像戀人般過著浪漫的生活……總之，他總是渴望愛情能夠轟轟烈烈，他的婚姻能夠幸福美滿。

但是，由於理想過高，難免未如所願，希望與現實脫節。為此，他在苦悶中思考，結婚的日期也就越拖越遲。

如果他在那個房間擺些沙發，當成會客室，這透露出他生性開朗、豪爽，喜歡熱鬧，有一大群朋友。所以，他有很多戀愛的機會。

也許在一場風花雪月、羅曼蒂克的戀愛之後，他會來一次閃電結婚。

但他也會發愁。因為那些異性朋友只能做朋友，很難發展成戀愛關係。

若他放張床作臥室，說明他做事冷靜，絕不會亂了自己的步調。他對婚姻有很合理的看法，即使已在熱戀中，也會仔細考慮對方是否為合適的結婚對象。

一旦他遇到一位理想的對象，一定會主動追求，而且鍥而不捨。另外，由於他很重視條件，以及各方面的相匹配，所以，對相親或婚介會嗤之以鼻。

或許他還會把這個房間擺個書架，作書房。那麼，他對結婚並不是很積極，而且有單身的願望。他大概並不缺少戀愛經驗，但不太可能付出太多的熱情。

# 17 從他對你前男友的態度看他愛你有多深

愛情曾經讓你經歷痛苦。現在你已撫平創傷，又開始了新的生活。但現在的男友會不會對你的過去耿耿於懷呢？

你們一起上街時，恰巧遇到你以前的男友。前男友停下來與你搭訕，你只好應酬一下。這時，你身邊的他會做出什麼反應？

如果他靜靜地裝作不明白你們以前的關係，一副蠻不在乎的大方，那表明他不夠重視你，對你興趣不大，你最好還是及早抽身為妙。你越努力，他越退縮。即使勉強在一起，也不會快樂。他和你根本就不合適。而且，你自身在戀愛方面也該審視一下自己的態度。選擇男人時，不要只注意其外表。不然，你多半會選到與你不合適的人。你應該用心觀察一個男人，用理性而不是憑「感覺」。

如果他對你不期而遇的舊男友說句「你好」，然後就在一旁冷眼旁觀，當心，這種人很「花心」。他對你只抱著「換一個口味也不錯」的心態。你會相當辛苦，因為他並不是很在乎你。或許他的態度偶爾也會轉變，突然對你熱情有加，讓你欣喜，以為他會做出承諾，讓你覺得找到了一位夢寐以求的意中人。可事實上，他幾乎對每個與他相處的女人都是如此溫柔體貼。那是他的本性使然，絕非僅對你比較特別。

如果你把此人當成普通朋友，你們的關係可能會比較好。可若把他當成男朋友，你們可能不會如同你想像般那麼順利。他也許對你說很喜歡你，甚至做了向你求婚的暗示，讓你一直陪著他。可實質上他只是想和你吃吃飯、聽聽音樂、兜兜風。想讓他長期與你在一起，專心對你，幾乎是不可能的。

如果他見到你的舊男友，漠然地擦肩而過，那麼，你和他肯定不是很熱情的一對情侶。他沒有很投入，也有可能他還不大明瞭你的心意。也許你還沒有讓他很清楚地知道你對他的感情。不過，你若持之以恆，他就會漸漸瞭解你的態度。即使他現在除了你之外還和其他女孩子交往，他依然可以看到你的存在，感到你的心意。

主動點沒關係。為了自己之所愛，為了追求幸福，這樣做很值得。只要你肯努力，肯付出，他一定會瞭解你，知道你的心意。

若他很有興趣地停下來和你的舊男友聊聊，那麼他一定很愛你。他會對你很好，很體貼。他很希望能俘獲你的芳心。只可惜你也許感受不到他對你的那份真心。如果你能拿出誠意，以真心回報，你們的戀情會發展得相當順利。

# 18 如何從喜歡的顏色推斷男人的個性

什麼樣的男子適合做你的丈夫？仔細觀察你身邊的男性喜歡什麼顏色，你就能大體知道他是何等人。男人會在顏色的喜好上流露出真實的內心。

**1．喜愛白色的人**

白色代表純潔、優雅、和平、乾淨，因此，它是「理想的顏色」，其中有很多含義。它既表達亮光閃耀，又表達寒光刺骨。喜歡這種顏色的人性格較單純，遇事不慌張，會從容沉著地去瞭解並加以解決。他的自尊心很強烈，喜歡以理服人，很重理性。他待人很親切，為人聰明、機智，可以贏得別人的信任。

**2．喜歡黑色的人**

黑色正好與白色相反，代表沒有自信心，對生活較悲觀，不相信自己，認為自己的生活理想往往未能達到。如果有一天他放棄了黑色而喜歡比較鮮艷奪目的顏色，便是他的悲觀情緒已經消失的標誌。不過，因為時代不同了，黑色也成為可以彰顯自己個性的顏色，很多人會認為酷酷的……

黑色還含有嚴肅、沮喪、壓抑的意義。喜歡黑色的人，一般還會給人以樸實的感覺。他們感情毫不外露，總在背地裡暗自計劃。他們具有侵略性的野心、很自負，顯得頑固，不願聽取別人的意見。但他們在事業上是實幹家，勤勤懇懇地創業，具有責任心和事業心。但由於固執，所以缺乏容忍，無論自己是對是錯，都不容易與人妥協。

### 3．喜歡灰色的人

灰色是審慎、多疑的人所喜歡的顏色。他們總是給人孤僻或消極的印象。其實他們為人謹慎、沉著，個性上比較保守而穩重。他們不想追趕流行或標新立異，以引起別人的注意。他們時常像進入冬眠期一樣，不會主動去爭取什麼。也就是說，他們對未來抱著隨遇而安的態度。灰色，也是那些在無意間便向人宣揚自己的事的人所喜歡的顏色。他們獨立性強，可以不依賴別人而獨立生活；他們推崇個人的力量，重視自我發展，具有忍耐力和毅力，能克服眼前的不順利和逆境。

不過，也有人討厭灰色如果不喜歡灰色，那就是較衝動型的人，心直口快，個性率真，容易急躁地做出輕率的舉動。

### 4．喜歡比較明朗的灰褐色的人

從表面看來，這種人很柔順。但在內心領域，他很有獨斷力，有自己做人的原則，不會輕易聽信傳言。他有著敏銳的觀察力和洞悉力，為人忠誠可信，遵守諾言，有涵養，能在逆境中力挽狂瀾，安然度過難關。但他很難用語言表達自己內心的感情，為人處事不愛張揚，顯得非常含蓄。他遵守法律、有公德心，不做違背原則的事。而且，他有耐力，能持久。

**5．喜歡紅色的人**

紅色，代表熱情奔放。喜歡這種顏色的人，勇敢，意志堅定，好逞強，心浮氣躁，容易和人親近。他們具有很強的活動性，什麼事都要做得熱熱鬧鬧地。與此同時，他們的心思及觀察力卻都很纖細、敏銳，交友熱情，很能判斷是非善惡。花錢則是大手大腳，有浪費奢華的傾向。

凡是一見到這種顏色就生氣的人，往往容易自暴自棄，怕與人爭吵，喜歡獨處。或者，一旦與人或環境結成一種關係，就很不希望這種關係被打破。

**6．喜歡黃色的人**

黃色象徵寧靜。喜歡黃色的人毫不拘束，落落大方，有文化修養。這樣的人善於交際，好奇心強，有承擔責任的勇氣，容易適應環境。他會因為自己的魅力而被人喜歡，從而很容易得到滿足。

他富有才能和紮實的工作能力，幹勁十足，常顯得生機勃勃。但他過於自我，在別人面前顯得高高在上，爭論時總希望對方做出讓步，自己則固執己見。他喜歡浪漫，很會製造朦朧的氣氛。工作和娛樂兩不耽誤。

不喜歡黃色的人，則是往往思慮過重，情緒悲觀。別人難以和他打交道。

## 7．喜歡藍色的人

藍色是「天」的顏色，人們常把它與精神高尚、心靈純潔聯繫在一起。喜歡藍色的人，說明他樸素、憂鬱。這種人常常需要休息。他累得快，容易疲勞。周圍人的信任、與人為善的態度，對他來說極為重要。

他們富有理智和深思熟慮的習慣，有著優雅的興趣、愛好，保持著孩童般的好奇心和求知欲，遇到新奇的事物，就想方設法去求證。但有時顯得聰明過分，反而容易誤事。偶爾性急而失去耐心，會變得固執而不分是非，導致不可收拾……

不喜歡這種顏色的人顯得缺乏信心，性情孤僻。對這種顏色冷漠，說明情感輕浮，儘管外表和氣，有禮貌，但都是應酬式的。

## 8．喜歡綠色的人

綠色是大自然的顏色，春天的顏色。喜歡這種顏色的人，一般來說，遇事冷靜，總力求用自己的方法思想和判斷事情，對他人的意見做出取捨，不會被人牽著鼻子走。他激動起來就愛講道理，試圖用事實和真理說服對方，甚至有時還會抓住對方的弱點大肆攻擊。他總在無意間企圖在一群人中占上風。他為人隨和，給人親切的感覺；很有才幹，但喜歡自由，不願承擔責任。他總是想方設法逃避，有時不免顯得做作。他愛好旅遊，成為一個旅行家是他的夢想。他不用擔心衣食問題，財運不算壞。

不喜歡這種顏色的人，害怕生活中出現挫折，害怕一切困難。

## 9．喜好淺綠色的人

這種人有點令人討厭的潔癖，權力欲旺盛，總是企圖將自己的意志強加於人，自己卻害怕行動，以避免陷入困境，說這種人是利己主意的投機分子也不為過！

## 10．喜歡紫色的人

紫色表明熱情洋溢、敏感、精神崇高、待人溫和。

喜好紫色的人感情細膩，容易動情。面對一件事物，他會對它自然而然產生非常浪漫的超現實幻想。他每時每刻都在等待奇蹟出現，在忙碌工作的時候也不會放棄這種夢想。他很可能為了幻想而不務正業。這種人沒有出色的經濟頭腦，不善理財。他喜歡交友，擅長交際，喜愛華麗的排場，言行中不免有些誇張。

這種人不快樂的時候，標誌著他的責任感開始復甦，希望做一個真正的人。紫色，是各方面都協調發展很好的人所喜歡的典型顏色。

## 11・喜歡淺紫色的人

這種人性格樸實無華，有著敏感的神經，時時尋求真誠與友愛，比較容易感傷，為人謹慎，有自尋煩惱的傾向。他們大多缺乏自信，多疑慮，但生性善良溫厚。他們喜歡旅遊，參加一些能讓他們感到輕鬆與美好的活動。

如果是男性，他可能成為有用的智囊和得力的助手，也是一個忠誠可靠的朋友；如果是女性，定是個溫柔賢慧的女子，忠於家庭，忠於愛情，是個賢妻良母。

## 12・喜歡粉紅色的人

粉紅色是充滿生機，一切生物所喜歡的顏色，它象徵著互相友愛，和睦相處。喜歡的願望，不論是現實的還是不現實的，他們都自得其樂。他們喜歡美化一切善的事物。到了而立之年，他們依然不改純真。但缺乏責任感，容易逃避現實，以致被人誤解。他們可能會因為最微不足道的理由而激動，也可能會因為一時的挫敗而一蹶不振。看到這種顏色會生氣的人，大多是實用主義者。

## 13・喜歡棗紅色的人

這種人大多懷有崇高的理想，舉止言行雍容高雅。他們在人群中顯得高人一等。他們很有才華，才能卓越，深得上司的讚許與看重。他們不會與人發生吵架，很有紳士味道。但在別人看來，他們的思維複雜，感情深藏不露，顯得神秘，所以不敢和他們太過靠近。因此，有許多時候，他們都顯得形單影隻，煢然孑立。他們有強烈的自尊，絕不會輕易求人，為人高傲自負，聰明機智。

### 14．喜歡橙黃色的人

喜歡這種顏色的人富有敏銳的洞察力。他們有許多自己的想法，容易想入非非。他們有自己的愛情，習慣憑興趣辦事，對於自己感到新奇好玩的事，就會全心投入；而自以為無趣或是和他沒關係的事，則「事不關己，高高掛起」。他們喜歡隨心所欲，表現出自己的優勢；他們會很坦率真誠地與人交往，在團體活動時成為核心人物，而且能將冷清的氛圍轉化成非常融洽、快樂。

### 15．喜歡咖啡色的人

咖啡色及與其相近，深淺不同的各種顏色（包括土色）是堅定、有信心的人喜歡的顏色。特別喜歡這種顏色的人，非常珍視傳統和家庭。

不喜歡這種顏色的人，說明他十分自戀，推崇自我中心主義。他不坦率，很難直爽地說出自己的內心話。

## 19 如何從選擇戒指判斷她對愛情的態度

戒指是永恆愛情的象徵，一枚戒指往往就會套住一個人的一輩子。戒指的選擇常常會透露出人對友情和愛情的珍視程度。

你知道在你戀人的心目中，你和她的朋友哪個更重要嗎？如果戀人和她的好友去逛街，她們決定購買一些紀念品，最終選定買戒指，她會選擇哪一種戒指？

如果戀人選擇價格昂貴的名牌戒指，說明在友情和愛情之間必須做選擇時，她會選擇愛情。一旦談戀愛，她就會和女友們疏遠，是典型的一頭栽入愛情而不管其它的人。或許她會喜歡鑲鑽的小戒指。那麼，她總是與人保持合乎常情的人際關係，很誠實，絕不會做出傷及友情的事。不過，一旦她愛上某人，就會滿腦子想的都是他，而在不知不覺中陷得很深。她不想這樣，可又無法抗拒愛情的力量。若面對一邊是友情，一邊是愛情的三角關係，她雖會苦惱不已，但仍然會貫徹自己的意志，堅持到底。

如果戀人選擇設計新穎的大戒指，那麼她一定會受不了自己不是主角的場面。她很虛榮、好勝。比起與好朋友的友情，她更重視戀愛和結婚。因此，只要遇到自己喜歡的男性，不管他是不是好友的男友，她都會主動出擊，而不顧及會不會傷害友情。也許你認為這是一種敢愛敢恨的類型，但這樣的人也未免太冷酷了點。

選擇設計可愛的戒指，這樣的人總是先為對方的立場著想，而不是為自己打算。就算有了所愛的人，她也會把戀愛和友情分得很清楚，很重視與朋友的相處。若有形成三角關係的可能，她會理性地壓抑自己的感情，避免發生糾紛。

## 20 如何從搭摩托車看她愛你的程度

女人心，海底針。女人的心事你別猜，猜來猜去只會把她愛。這話沒錯。你在猜測中很可能深深地愛上她，可你依然猜不透你在她心目中的地位。你們的親密度到底有多大？她是如何看待你們的關係？其實，何必如此煩惱！只要讓她搭乘你的新款摩托車，從她的動作中，你就可以知道答案。

如果她把手扶在車座後的把手上，說明她對你還有些距離感，對你們的關係並不十分確定。她在處理感情時比較冷靜，不會陷入愛情的漩渦而不能自拔。換言之，你的甜言蜜語、柔情蜜意，暫時還不能打動她。所以，要徹底捕獲她的芳心，還得加油啊！

如果她扶在你的腰際，你就可以竊喜了。因為她已放下心理防線，正全心全意地愛著你，而且愛得很理智。她認定你是那個給她堅強臂膀的人。所以，你要把握良機、懂得珍惜！

把手放在自己的膝蓋上或者乾脆不扶東西的女友一定很讓你頭痛吧？她可能只把你當作普通朋友，也可能把你當作不錯的男友。她煩惱的是，有時她自己都不確定跟你是什麼關係，就這樣若即若離地相處著。如果你真的非常非常喜歡對方，可要加把勁，努力一把，革命便會成功。

如果你們還沒有確立戀愛關係，通常她不會緊緊抱著你的後背。倘若她這樣做了，要嘛她為人輕浮，要嘛就是向你暗示：我愛你。是前者，需要你拔出你的慧劍；是後者，小子沒事偷著樂吧！不過，這情況還有例外，只因為她怕發生危險而抱住你，這只是權宜措施，你可別想歪了……

## 21 如何用兔子考察她對愛情的態度

現代社會是一個十分開放的社會，有很大的寬容性和包容性。複雜而快節奏的社會總會有讓人意想不到的事情發生，結果也常常出人意表。女孩子似乎什麼都敢玩，包括愛情。

愛情是聖潔的，賭不起也輸不起。你當然不希望別人玩弄你的愛情。所以，你應該真心真意愛一個人，也應該知道對方的心思，以免被她玩弄於「股掌之中」。

一個小測驗，就可以知道她對你的專心度——

一天，電影散場後，你和戀人手牽手走到公園裡散散步，在銀色的月光下。夜已深，道路幽靜。這時路邊躺著一隻兔子，看上去白白淨淨卻又一動不動。她會認為兔子到底怎麼了呢？

如果女友認為那隻兔子是在休息，那她對你們的關係並不看重，對愛情也不用心。她很可能半路和你分手，去找更喜歡的人。對於這樣的女孩，還是趁早放棄，省得為自己白白增加戴綠帽子的機會。

如果女友說兔子是不是受傷了才躺在那兒，說明她已經愛你愛得發狂！她沈迷在與你的關係中，滿腦子都是你，你的一舉一動都會牽動她，她簡直無法自拔了。

如果女友認為兔子是因為死了才躺在那兒，那麼她和你在一起的原因就可能有很多種：感動、寂寞、滿足虛榮心、金錢、無聊……但她並不是因為愛才和你在一起。這種人不見得有多壞，但實在不是一個理想的愛人。

## 22 如何從看一幅畫推知她的心事

你不妨讓她欣賞一幅畫。你們一起來到一間畫廊，在一幅畫上，一位年輕女子站在窗口張望的背影吸引住了你們。此時，你的戀人會認為這個女子在做什麼？

如果她認為畫中的女子正目送情人離去，那麼她的內心肯定充滿矛盾。她很可能在想：「他是不是已經不喜歡我了？……我們之間還有必要交往下去嗎？」不知道你們之間是存在誤會、還是她想打退堂鼓，反正她在懷疑你們之間的關係。

如果你的戀人認為畫中的女子不過是閒著無聊，站在窗前吹吹風、曬曬太陽，這表明她對你們目前的這段感情抱著無所謂的態度。

或許你的戀人會說，畫中的女子正在等待戀人。這預示著她現在對你們的關係充滿幻想，處於最甜蜜的熱戀中。她一定非常重視你，為你她會做出犧牲和奉獻。

女友如果認為畫中的女子在欣賞窗外的景色，那表明她非常愛你，想給你幸福，並且非常在意你們之間的這份感情。她不僅會給你最熱烈的情感，而且不會忘記自己所應負起的責任。

如果她認為畫中女子是在觀看鄰家的情景，表示她一定非常在意你，如果你已經知道她的心事，感動之餘，最好主動向她表白你的愛。

如果她覺得畫中女子正沈浸在深深的回憶中，表明她是一個以自我為中心的人。對你們的關係，她的詮釋不過是「一個願打，一個願捱。」她只希望你對他百依百順，自己則坐享其成。她只愛她自己。

## 23 如何從遲到的步伐看出她內心的祕密

女人喜歡用自己的遲到觀察男友；相對的，她的遲到也會成為男友解讀她內心祕密的鑰匙。只要你不是特別粗心的男人，你就會窺一斑而知全豹。按慣例，她又遲到了。仔細觀察一下，她看到你的第一反應是什麼？她遲到的理由又是什麼？

這時候，如果她快步走向你，臉上帶著化妝的痕跡，那麼她的內心一定充滿了對這次約會的期盼。她因遲到而充滿歉意，這說明她想馬上見到你。你應該表示高興，因為她真的很在乎你，否則怎麼會為化妝而誤了時間呢？

如果女友絲毫沒有加快步伐，而是用正常步調走近你，說明她對你有點不在乎或是心存不滿，或者她遇到了什麼不開心的事，不然就是她已經厭倦了她和你的關係。如果她好幾次約會都是如此，這點就更確定了。

或許你的女友看見你之後，就不再往前走了，而是等著你過去。那麼很顯然，在這段感情中，她占主導地位。你可能太愛她，因而總是順從她，使她處於上風。

## 24 如何從約會時的動作判斷女孩的心思

約會不一定要燭光晚餐，花前月下。只要兩個人心心相印，情投意合，又豈在朝朝暮暮？這天夜晚，你和戀人坐在環境幽雅、音樂舒緩，富有浪漫情調的咖啡廳裡。此時，對面女友的動作將透露出她心底的某種信息。

一、如果在你們的交談中，你的女友不停地更換腳的蹺勢，表明她此時正心浮氣躁、寂寞難耐，心中有情緒需要排解。

如果她用手擺弄頭髮，那表明了兩種情況：

首先是：她輕輕地撫摸頭髮。這是她心底渴望你用溫柔的言語安慰她。

或者是：她用力撥弄頭髮。這是她覺得受到壓抑或對某事感到後悔。

二、如果你的女友頻頻拉扯自己的裙子，很在意裙子的長短和覆蓋面，這是她自我防衛心理的表露。

三、若女友的眼睛帶著濕潤並含情脈脈地注視著你，那麼她一定愛你很深。她會很用心地聽你講話，眼神和你交會時也不岔開視線。一切都表明她正全心全意地愛著你。

四、若她總是用手撫摸臉頰，這是她想要掩飾自己的感情或不願顯露真實本意而在無意中表現出來的動作。你們相處一定不久，或許還沒有捅破那層紙吧！

五、如果她扶著腮幫聽你講話，這是一種渴望被認同、被瞭解的表示。其實她並未認真地聽你講話，而是對你的遲鈍和不解風情做無言的抗議。

六、如果女友用一隻手捂著嘴，靜靜地聽你瞎掰，那表明她正在控制自己按捺不住的喜悅之情。她太喜歡你了，認定你就是她的白馬王子。她正盡力掩飾自己內心的激動。

七、如果她正玩著桌邊的布巾或桌子上的其他擺設，表明她有些緊張和尷尬，或是她覺得此時有點無聊。

八、如果她常用手摸鼻子或臉頰、耳朵，這表明她有些緊張，力圖掩飾，害怕臉頰洩漏自己的祕密。她正處於戀愛初期，戀愛使她更加認識到自身的價值。另一方面，她也想讓自己不致臉頰緋紅或不自主地含情脈脈，以免讓你看見，讓你以為她已非你莫屬了。

## 25 如何從晚餐的帳單推知女孩對你的情意

有許多女孩對我說，和男生一塊用餐，她們並不急於付帳，她們不是想要磨蹭，也不是吝嗇，而是想透過男生對帳單的態度考查他的為人。不過，這並不是女孩子的專利。男人同樣也可以從付帳的態度上，也能透露出對方對你的情意是深還是淺。

你和戀人一起去享受浪漫的晚餐約會。餐畢，服務生送來帳單。你一看，嚇了一跳：這麼貴！更糟的是，你最近剛好買了一台筆記型電腦，因此手頭較緊……這時你的戀人會怎麼做？

戀人也許十分體諒你的狀況，堅持要自己請客，搶先付帳。這說明她非常善解人意，也很體貼你。她把金錢和感情分得很清楚。只要她愛你，無論你是腰纏萬貫還是不名一文，她都會死心塌地跟著你。

她可能會提出AA制，各付各的。由此可以看出，她對你並非愛得難以自拔，甚至不太認真。你有錢時，她會很「愛」你；你沒錢時，她就會「更愛」自己。

你的戀人坐在那裡只顧忙著補妝，後來又說要去洗手間，擺明了要你全付。那麼她所追求的愛情必有一定的物質條件，想做她的男友，首先必須有錢。她愛你，但她要求你更愛她；她不能說不愛你，但也很自愛哦！

你的女友雖然讓你付帳單，不過經過了超市卻又進去選購了一些水果和飲料送給你，那麼她一定對你有著強烈的愛意，不愛則已，一愛就死去活來。她喜歡照顧你，對你溫柔又體貼。如果你不怕被關懷過度，選擇她做結婚對象也未嘗不可。

## 26 如何從約會地點判斷對方的愛情觀

一對男女首次約會地點，也會在不知不覺中反映出戀愛的深層心理。

你和戀人相約見面。她問你：「我們在……見面，好不好？」你答應了。你認為她會喜歡在哪裡見面呢？一對情侶隨著兩人的親密度與約會次數的增加，必然會越來越在意約會的地點。

如果你選擇和情人在車站見面，那麼，在戀愛方面，你期望著偶然式的相遇。你相信一見鍾情並對此深信不疑，希望可在遇到的瞬間，即能抓住自己心目中的情人。

但你若過分憧憬電影裡的那種奇遇，滿腦子都是羅曼蒂克，那就可能完全忽略了眼前的好戀人。所以，不要過於浪漫啊！

公園、博物館、植物園等也許是你理想的約會之地。這種選擇表明你想與高挑、出眾的異性談一場浪漫的戀愛。

由於你一直認為理想中的異性一定會出現，因而對現實中邀約你的異性，總是持著「才不會跟這種人談戀愛」的心態而加以拒絕。

現實點，也許你會享受到約會的樂趣，且戀愛成功的機會必會大增。

如果你認為咖啡店約會最好，說明你愛他很深，希望靜靜地享受你們的兩人世界。如果你是一位女性，喜歡在戀人的家中約會，那麼，你愛上一個人就會恨不得分分秒秒、時時刻刻和他在一起，形影不離。可是，這也許會攪亂彼此的生活，從而嚇走了對方也說不定！

感情再好，也不可能時時刻刻在一起。在不把彼此弄得筋疲力，盡可能在享受戀愛樂趣的原則下，找出一個妥協點，才能讓愛情長久持續。

若你是男性，把約會地點定在女方的家門前，之後才一起到某個目的地，這種「周到」表明你是一個對愛特別執著的人，遇到障礙，也會勇往直前。

但是，如果你老是對對方百依百順，喜歡你的人就會逃之夭夭了。最重要的是把你的心意準確而恰當地傳遞給對方。只是被動地等著對方回應，戀愛很難成功。

## 27 如何從應付陌生人的搭訕推知她的忠誠度

與陌生人打交道的確不容易，或是對陌生人的搭訕應對方式，也最容易暴露出一個，對這種「突如其來」的「進攻」，心中的想法是什麼？

公車內，你與她並坐在一排位置上。突然，她前方座位上有位陌生男性和她攀談。這時，她會做出什麼反應？從她的反應中，你可以看出她對你是否專一。

面對這位異性陌生人，她若裝作沒看見，就表明她迷戀你，只想要你陪伴她，其他男性，她一點都不在乎。所以，你不需要疑慮，全心全意地對待她吧！

不過，還有一點須要注意，如果她拒絕對方態度比平常的口吻更嚴厲，那她很可能是演給你看的，要小心她不為人知的另一面！

如果女友馬上和對方寒暄起來，則表明她有意吸引其他異性。這類女性很會掌握男性的心理，也善於使男性接受她，並喜歡跟不同類型的男人在一起。但這不過是女孩子的一種虛榮心罷了，不會太嚴重。所以，身為男友的你必須表現得成熟。一旦她真心愛上了你，她就會把你們的生活營造得五彩繽紛。

如果她很注意對方，等待他說更多的話，這說明她雖然在行動上表現得很消極，對戀愛其實抱有許許多多幻想。這類女性不能說不專情，但她們更需要男友不斷帶給她新鮮的感受，否則很容易移情別戀。

# 28 如何推斷她是否對你有意思

雖說「女人心，海底針」，但也不見得無從得知她們的心思，因為她們的姿態、行為都隱藏在語言之下，微妙地展示著她們的內心活動。

你是否流連在萬紫千紅中，欲尋覓一位心儀的佳人？儘管你認識了無數美眉，但她們出於女性的矜持，大多含而不露，似乎等著你主動表露心跡。那麼，她們當中，誰才真正鍾情於你呢？

女性表達對男方感興趣的姿態千變萬化。最普通的一種是理順或撫摸頭髮，理順衣服，然後轉身注視著鏡中的自己；或瞥向一邊，望著自己的影子，優雅地移動手臂，慢慢地交叉或放開在男性面前的腿，注視著小腿的內側、膝蓋或大腿。

當你追求一個女人，如果你能更多地懂得她的表情與動作背後的意思，就能在恰當的時機贏得她的芳心。如果她目不轉睛，彷彿若有所思地直盯著你的臉，就說明她把注意力都集中在你身上，全心全意而無法自拔了。

當她無意中與你四目交投，無故嫣然微笑，就證明她心中已滋長起愛情的小幼苗。當她亭亭玉立地佇立在你面前，下意識地不斷擺動腳步，在地面劃線條、畫圈子，也是一種戀愛的表示。如果無論什麼地方她都會不辭辛苦地願意跟你一塊兒去，那無疑說明她已經偷偷地將整個芳心交給你。

如果她假用借書、借影碟、過生日等藉口接近你，瞇著眼睛打量你，表示她內心深處正翻湧著愛的波濤。千萬不要不解風情啊！

當她偶然在街上碰見你，表現得異乎尋常的激動，臉上透著微紅，這說明她已經暗中喜歡上你了。判斷出她有意於你之後，要不皆大歡喜，情投意合，要不你繼續裝傻，慢慢冷淡。感情的事，必須出於雙方的意願，只有一頭熱是不行的！

她是否樂意將你介紹給家人、親友和同事？如果她愛你，必然非常希望你瞭解她的生活，也非常希望你融入她的生活。一般說來，女孩們都會顧忌別人誤以為她們濫交。如果她心目中的人不是你，絕不希望你在她的社交圈子中亮相。

她是否很想知道你家裡的事？是否常常問及你職場的情況，以及你對未來有什麼想法？

與男性相比，女性更喜歡幻想。假如她心中喜歡你，你們的交往又很融洽，她通常就已經憧憬著將來適應你，適應你的家庭生活了。為此，她會勤於瞭解你家庭的事、你的嗜好等方面。

你的衣飾、外貌和情緒有所變化時，她的反應很敏感嗎？

她常常會悄悄告訴你一些你不會注意到的細節。「你的臉色有點不好！」下一句就會是：「是不是不舒服？」或者「發生了什麼事？」她的愛意和關懷，會從一些微不足道的細節上體現出來。

## 29 如何從裝飾品推斷女孩對你的心態

周末，你帶著心目中的她去逛街。在路過一家精品店時，你的女友對閃爍透亮的飾物愛不釋手。其實，女性藉裝飾品點綴自己，多半還暗示著某種意思。

如果你的女友選擇了一個動物形的裝飾品，例如：小企鵝胸針、凱蒂貓髮卡，那麼，她心中一定渴望全世界男人都被她所誘惑，而她卻到處留情，一個也不認真。這樣的女人往往會令一個對她情有獨鍾的男人欲哭無淚。不會是你吧？

選擇了心形裝飾品的女性，內心隱藏著熱情卻不善表露。她非常在意你，你卻總以為她對你熱情不夠。知道了這一點，你以後就應主動點，好讓她敞開心扉。

你的女友也許對星形裝飾品非常中意。那麼，你們的關係一定很不錯，因為她選擇的飾物透露出她已經到了對你以心相許的地步。她抵擋不住你對她強烈的愛情功勢，心中早已對你傾慕不已。所以，你就偷著樂吧！

她滿心歡喜地買了一串木製項鏈掛在脖子上，那表明她還對你心存警戒，怕你哪一天對她圖謀不軌。她很討厭被陌生人觸碰身體和搭訕。如果你真的愛她，請多多增加她的安全感，做一個負責任的男友。

或許你的女友選擇了一條金色手鍊。那你就趕快摸摸自己的錢包，掂量一下自己能否成為她強大的經濟後盾吧！你的女友暴露了她對金錢和物質的強烈欲望。她重視經濟基礎勝於愛情。

她選擇了鏈狀掛在頸上的手鍊，那麼，在她的內心深處必有著深刻的戀父情結，喜歡把男友當成兄長，任意撒嬌。

如果她選擇了手腕型的鐲子，你可要當心。她正猶豫著是否與你分手；要不然也是心中對你有所不滿，對你們的關係充滿煩惱；也或許是有人正追求她，而她已然心動。你是不是很緊張啊？那就多體貼她一點，試著挽回她的心吧！

## 30 如何從三人拍照判斷你自己的戀愛心態

戀人比朋友更容易反目，這是戀愛關係不同於朋友關係的意義；朋友沒有戀人親近，這是朋友關係不如戀人關係不同之處。但友情與愛情都是人生的一大財富。

你和戀人、朋友（或者戀人的朋友）三個人去遊玩。玩到興處，你們打算一起合張影。這時候，你們三個人會以何種方式排列？

知道嗎，你們三人的排列方式會暴露出你處理友情、愛情及自我的態度。

如果你讓戀人站在中間，自己和朋友則是站在他的兩側，這是一種重視愛情又不忽視友情的心理表現。你很顧慮朋友，但更重視位於中央的戀人，又不致讓自己顯得太渺小。

你和男友分別站在朋友的兩側，說明你對目前的戀愛關係缺乏信任感。如果是你那位朋友半開玩笑地硬站在你和你的戀人之間，則表明他正在嫉妒，或是嫉妒你，或是嫉妒他，也或許是嫉妒你們的甜蜜。總之，這樣的朋友具有攻擊性。

如果你自己站在中間，讓戀人和朋友分別站在兩側，這是你渴望博得周遭眾人之好感的心理表現。這表明你比較看重自我，喜歡成為別人心目中的寶貝天使。

## 31 如何從搭公車看你對三角戀的心態

不可否認，愛情是甜蜜的。但是，愛情也是痛苦的，是專一而不可分享的。所以，一旦愛情成為三個人的事，甜蜜就會成為負擔。面對三角戀，你做何感想？

戀人人緣好，朋友多，討人喜歡，他把大部分時間都給了朋友，對你的關心很少，所以這兩天你比較鬱悶。

當你獨自一人搭上公車時，發現車廂中間有兩個空位。於是，你想走過去。然而，你面前有一個帶著大行李的男子正目不斜視地站著。你往前擠。這位男子瞪眼瞧著你，故意把行李挪到你面前。此時，你怎麼辦？

如果你並不理會他的蠻橫，而從容地說：「對不起，請讓一下！」然後穿過去，則表明你在處理三角關係時持有寬容大度的心態。你會認為，既然他那麼優秀，我愛他，自然也會有別人愛他。不過，你過於寬容，也會讓你的戀人覺得你不夠重視他。然而，對你而言，你會忠貞不二地選擇現在的戀人。

如果你帶著幽默的口吻，故意調侃對方：「哈囉，你的行李掉了！」那麼，在你心中，你對戀人是非常信賴的，情敵的出現並沒有讓你感到什麼壓力，因為你相信戀人會堅守愛情陣地；縱然有一點糾紛和煩惱，你也會妥善處理。

如果你無視於那個男人的存在，強行擠穿過去，說明你會對出現的情敵心生警戒。情敵實力越強，越能激勵你戰鬥的熱情；你會像拚命三郎般爭取戀人的心。被你所愛，真是一件幸福的事。

如果你向他抱怨：「咦，你的行李擋到路了！」說明在你和戀人之間出現第三者時，你會非常恐慌。你怕失去他，對他和自己都缺乏信任，容易陷入無謂的煩惱。

若你無法控制情緒，和這位男子大吵一番，說明你對三角戀簡直難以容忍，會勃然大怒而胡言亂語，因過度恐慌、緊張而陷入絕望的深淵。這樣的話，你就會不戰而敗，將戀人拱手相讓。

## 32 如何從點蠟燭推斷對方的戀愛心態

現代人在生日蛋糕上插蠟燭，已不作興幾歲插幾根了，蠟燭大都變成象徵性的了，因為還有保留吹滅燭火的習慣，所以還是會在切蛋糕之前，製造出高潮的氣氛。

「插多一點才好看！」

「插兩三支就好了！」

如果你對戀人的感情還不是全盤瞭解，不明白他或她，對你們的戀愛持什麼樣的態度，那麼，眼前就有一個很好的機會，可以看出對方戀愛的心態。

你也許不知道，蛋糕上的蠟燭會顯示他或她對戀愛的願望。插的蠟燭數目越多，表示欲求越多。反之，插的越少，表示只對某一種東西執著。在浪漫的燭光下，溫馨的氣氛漸濃，人們對戀愛的期待自然也會高漲起來。

如果他主張只在中央插一根蠟燭，那麼，他對戀愛的期待也許更多地專注於性愛。他對大膽的性愛視如平常。但是，他是忠貞的，戀愛的對象只有一人，並且對此人投入巨大的熱情。他是一個現實主義者，認為「現實比夢想」更重要。

如果他主張插三根蠟燭，這是他內心充滿理智、熱情和意志的表現。在戀愛中，他常常表現得非常理性，不會感情用事。他會注重精神和肉體的平衡，在各方面都會用適當的方式面對。但是，面對現實，想取得兩者的平衡是很不容易的。

主張插很多蠟燭的人是夢想至上的浪漫主義者，對戀愛抱有各種各樣的幻想。這種人戀愛起來重量甚於重質，潛意識中希望有很多異性對其甜言蜜語。但一旦與戀人分手，又很乾脆。絕不拖泥帶水。

如果他主張使用奇奇怪怪造型的蠟燭，那麼他屬於戀愛未成熟的類型。對性，他可能表現出厭拒的態度。遇有人談及猥褻的事，他會緊鎖眉頭。他尚未脫離幼兒心態，忘了夢想與現實之間有很大的差距。

## 33 如何從看電影推斷他對你的情意深淺

明明我是那麼喜歡他（她），可對方卻表現得天真無邪，整天像個木頭人似的，不知道心裡想什麼。鬱悶啊！快崩潰了啊！

別急，咱們姑且試試他，看看他的反應。

你不妨推薦一部你認為很優秀的影片（或送他那部影片的光碟），看對方有何反應？

從他的反應中，可以看出你在他心目中的地位。

如果他以最快的速度看完，並和你討論看後的感受，這就表明他很在意你；但可能出於某種原因，他不肯表達心中的愛意。若是你也真心喜歡他，不妨主動點，向他說出你的心裡話，也讓他敞開心扉。

若他只是詢問影片的內容，並沒有肯定會去看，表明他對你很友好，但還沒有發展到談情說愛的階段。你若有心和他繼續發展，就要主動製造和他接觸的機會，讓他多瞭解你。說不定在交往的過程中，他會慢慢地愛上你。

如果他對你的推薦只是禮貌地回應一下，幾天以後卻連提也不提，因此看沒看卻很難說。那很不妙，你們不過是普通朋友而已。如果你覺得他很不在意你，也不要太難過。你們要從普通朋友發展到戀人，還有好長的路要走。耐心點，人總會被感動的。

如果他對你的推薦顯得毫無興趣，則表明他不但不想接近你，甚至還有點討厭你。如果你們之間真的相差甚遠，或者他是個高傲不可親近的人，那最好還是不要自討沒趣，千萬做好被拒絕的心理準備。

# 34 如何破譯戀人的謊言

愛情最重要的是忠貞不二與相互坦誠。有時候，不管雙方多麼心心相印，也難免會出現謊言。也許他愛得太深，或另有所圖。那麼，你如何發現對方說謊的蛛絲馬跡呢？

說話時避開對方視線的人，一般被認為是在說謊。因為這時候與對方的目光交接，會增加自己內心的緊張。但是，有些狡猾的人已掌握了高深的技巧，他能一邊說謊，一邊緊盯著你的目光，甚至主動捕捉你的目光。這時你可以聽聲辨別。

說謊的人，嗓門會比平時高些，有時還會口齒不清，發音出錯，語言重複，或是夾雜著比平時更多的「嗯」、「啊」……

說謊者的說話速度和平時也不一樣。回答問題之前停頓的時間會比較長（謊話也是要經過思考才說出口的呀），本來說得快的變慢，原來說得慢的又變快。這可能是因為他想讓人相信他不是在說謊而故意為之。

你還可以透過微笑，檢測他是否在撒謊。一個人在說謊時很少會笑；即使笑，也常是勉強裝出來的。

有幾個途徑可以識別假笑：首先，發自內心的笑會使眼角起皺，裝出來的笑則不能牽動眼角的肌肉，即使牽動了也是僵硬的，且轉瞬即逝；其次，假笑能保持特別長的時間，因為假笑缺乏真實情感的內在激勵，所以很難知道其何時結束，而且，假笑是刻意做出來的動作，會保持很久；再次，大多數表情，突然開始和結束，就表明當事者正有意識地運用這種表情；最後，假笑時，面孔兩邊的表情常常會有些不對稱，習慣於用右手的人，假笑時左嘴角挑得更高，習慣於用左手的人，右嘴角挑得更高。

除此之外，手部的動作也會傳達出相應的信息。說謊時，人的手部動作會明顯減少。因為人們普遍認為手會傳達內心的想法，因此，說謊時，常常會雙手靜止不動或是藏在對方看不到的地方（例如桌底下）。如果他說話時用手勢，可以注意一下他的手是否觸及他的臉部，因為說謊者會忍不住用手摸自己的鼻子、耳朵、下巴或嘴，藉此減少內心的不安。

事實上，並不能憑藉單一的表現方式，準確地識別一個人是否說謊。當一個人說話時音調升高，並不能表明他在撒謊。但是，如果他同時又不自然地笑了很久，還不斷地在用手摸自己的下巴，這時，我們就可以說他很可能在說謊了。

如果一個人說：「我不是和你說過這件事了嗎？」然後才勃然大怒，這多半是在欺騙，他的表情是造作出來的。如果他敲完桌子後才表現出憤怒的樣子，顯然他也是在裝腔作勢。一般情況下，面部表情和身體姿勢會同時發生，不致出現明顯的先後順序。

總之，觀察極細微的表情，可以幫助我們識破謊言。其實，對於常在一起的戀人，由於非常熟悉和瞭解對方，一方有微小的變化，都會被對方敏銳地捕捉住。所以，坦誠地對待你的戀人吧！愛情到了深處，兩人之間不能說沒有秘密，但應該沒有欺騙對方的心思才對！

## 35 如何測試在他眼中愛情與事業的輕重

事業和愛情是人生最重要的組成部分。每個人都渴望有一個舞臺可以盡展自己的才華，也渴望有一個知冷知熱的貼心愛人與自己為伴。那麼，工作與愛情的關係應該怎樣權衡呢？

戀愛中，你可能非常想知道，在你和事業之間，哪個是他的首選。也就是說，哪一個在他心目中更重要。如果你想知道結果，不妨測試一下。

如果一個星期休假能增加一天，他最想增加的是星期幾？每一個上班族都渴望能有更多休假的時間。透過對增加星期幾的選擇，可測知他對工作與愛情的態度及處理方式。

選擇星期一的人，他和你的關係恐怕不太好，他常抱怨你忽略他的感受。因為他是個標準的工作狂，賺取麵包是他生命的重心，愛情可有可無。

如果他選擇星期三，說明他常在愛情和麵包間搖擺。有愛人時，他就高喊愛情萬歲，把工作擺在一邊；失戀時就努力工作，拚命賺錢，認為有了錢，什麼樣的異性都找得著。對他而言，上班只是為了謀生，因此他希望放假天數多多益善，好讓他盡情享受與愛人在一起的美好時光。

選擇星期五的人很有生活情趣，和他談戀愛是很快樂的事。感情和工作，在他的人生計畫表中都占有重要的地位。他希望愛情和工作兩者能兼得，不會顧此失彼。

無論怎樣，你要明白，愛情不是人生的全部。雖然愛的滋生不需要經濟做基礎，但愛的培養和維持不能沒有物質做後盾。

## 36 如何判斷對方對異性的心態

「物以類聚，人以群分。」

從一個人喜歡結交什麼類型的人，也可以分析他的心理。尤其是從異性關係上，一個人的選擇最能暴露他的心理。

身材矮小的男性若喜歡身材更矮小的女性，那是由於他對自己的身材懷有自卑感。對上流階層的女性表示濃厚興趣的男人，則懷有階級的自卑感。

遲婚的男人，可能懷有強型的俄狄浦斯情結，即「戀母情結」。

追求如父般之男性的女性，懷有厄勒克特拉情結，即「戀父情結」。

喜歡將自己與異性之間的關係幻想成非常羅曼蒂克情調的人，性格上屬於分裂質的類型。喜歡對異性直接表達情意的人，屬於憂鬱質的類型。始終很注意對方的家世和學歷等條件，其人大體屬於癲癇質的類型。

有人不斷吹噓自己是一個好色的男人，其實他是因性的自卑而想極力掩蓋。

對於異性關係表現得極端嚴肅的人，不一定是正人君子。看似坦率，往往是在壓抑自己對性的強烈興趣。同樣的，對於異性關係好像十分開放的類型，事到臨門反而會畏畏縮縮地，成不了氣候。哈哈！

## 37 如何從送生日禮物看對方愛你的程度

有人說，戀愛中的人都很狂妄，會把兩個人的世界當作整個世界。也有人說，戀愛中的人很虔誠，整個世界就只有他們兩個人。在這兩人世界，卿卿我我，春風無限。尤其是生日之時，更是向對方表達愛意的好時機。不過，情場如戰場，這是觀察、透視對方心跡的最佳時機，莫忘了巧妙用之。

你的生日到了，戀人當然會選一份禮物送給你。那麼，在贈禮和支出時，他會選擇什麼樣的方法？

若他事先沒有徵求你的任何意見，而是在你生日當天給了你一個驚喜，無論禮品還是支出的數額都由他一人決定，這種舉動說明他並沒有完全站在你的立場考慮問題。他覺得給你買禮物沒什麼可為難的，就算你不喜歡，也不過是一件禮物罷了。另一方面，也說明他很自負，他相信自己的選擇必然正確。

如果你的戀人告訴你：「我要送你一件禮物，由你來挑選好了。」倘若這人是女性，則她對你的態度恐怕有點漫不經心，屬於不夠愛你的類型。倘若是男性，他很可能是想省去購物的麻煩。但一個非常愛你的人，一般是不會在乎那點麻煩的。所以說，你們的關係只能說還不錯，但還不到「一日不見，如隔三秋」的程度。

如果你的戀人把選禮物看得很慎重，一定要和你商量禮物的價位和種類，那說明他非常在意你的意見，考慮問題既合理又能照顧你的立場，也說明目前你們的關係非常好，屬於心心相印的類型。但另一方面也透露出你們相識並不久，因為這個行為已表現出對溝通或肌膚之親的願望。

你的禮物到底要花多少錢？他和你共同商量，但買什麼禮物仍由你決定。這種行為表露出，你們在金錢預算上步調一致，在你們心理，對方已經是可以考慮的結婚對象了。也許不久，你們就會踏上聖潔的紅地毯。

## 38 如何從小動作判斷夫妻的親密度

愛情是花，婚姻是果實。花總是美麗的，果實卻不一定都是美好的。外表的和諧不一定能說明內在的默契，就像鞋合不合適，只有自己的腳才知道。

如果，有兩對夫婦一起到你家中拜訪。只要根據他們在客廳沙發上的座位和坐姿，你就大概明白了他們之間的關係。兩位女士都有很好的氣質和談吐，她們的坐姿卻有所不同。

其實，結合傳統的上座與下座的觀念，從人們的坐姿和選擇座位的方式，可以洞察他們的深層心理。夫妻之間也是如此。有些夫妻始終保持著密切、平等的距離；而那些夫唱婦隨的夫妻，卻可能總是妻子跟在丈夫後面坐。這兩類夫妻之間的心理關係當然不會相同。

如果妻子坐得離丈夫很近，並斜著身體看自己的丈夫，那麼，她對男方不是全然信任，就是依賴甚深，時時刻刻想與丈夫坐在一起。

如果妻子與丈夫距離稍遠，那就表示女方婚前對婚事並不是很積極。她比男方顯得更有能力，在某些方面更受人尊重，心理上有種微妙的優越感。位置的距離，在一定程度上表明了跟對方之間的心理距離。

一般來說，如果是關係不深的兩個人，當他們坐得很近，可能會立刻意識到身體領域受到侵犯，產生不愉快或不安全感。而以身相許或卿卿我我的情侶和感情融洽的夫妻，即使在很寬闊的沙灘上，也會靠近對方坐下。這是一種對對方的心理認同。

感情好的夫妻不僅位置緊密，而且會專注地聽對方說話，用眼睛做無聲的交流，聽到精彩處，還會表示讚賞和肯定。感情不好的夫妻則不但身體距離遠，眼神也幾乎沒有交流，甚至在對方講話時，任意插話、否定，表現得有些不屑一顧的感覺。當然，某些感情不和的夫妻為了掩蓋真相，會表現得比平常更親密，但眼神還是會顯得飄忽、生澀。

如果夫妻二人共同參加聚會，女方總是和其他女人成對交談，說明其夫妻關係融洽；若女方不顧丈夫，喜歡與男人站在一起聊天，說明其夫妻關係冷淡。

對那些情投意合的夫妻而言，兩個人之間做出任何對他們有特別意義的姿態和動作，如相依相偎、心心相印、含情脈脈、相互接受等等，他們都能迅速心領神會。假如他們相互微笑，那麼，不露齒的微笑就深含特別的意味，表達出強烈的愛意。

一般而言，無論已婚還是未婚，若是雙方相處得很不好，通常就不會隨便觸摸對方，或者是一方觸摸到另一方，對方會迅即閃開。

觸摸是擁有占有權的意味，也是一種保護和信任的姿態。在氣氛很好的宴會或交際場合中，經常可以看見這種身體上的輕輕接觸。若夫妻二人互相碰都不願碰一下，那他們的關係就可想而知。若他們喜歡挽著胳膊，手拉著手或無所顧忌地親吻，則兩人必定非常親密。

## 39 如何判斷男人是不是有了外遇

一個溫柔的女人能喚醒一座麻木沈睡的雕像。然而，平淡的柴米油鹽與窗外的花花世界差距是如此之大，忠貞又談何容易？

你的另一半最近的表現似乎有點反常，總是深更半夜回家。問他在忙什麼，也是支支吾吾，閃爍其詞。你很擔心他在外面有了女人。

不妨裝作很隨意地說：「你最近好像不太對勁。」如果他馬上警覺地說：「你在說什麼呀？我覺得你才不對勁呢！」反過來咬你一口，那麼，他有婚外情就幾乎可以確定了。因為面對你的質問，他心虛，所以馬上想「反咬一口」，以盛氣凌人的姿態來占據上風，堵住你的嘴，讓你覺得似乎自己太多心、太無聊了。

如果他愧疚地說：「對不起，最近真是太忙，沒好好照顧你！」那麼，基本上可以判斷他沒有在外拈花惹草。因為這樣的話表明了他的誠意和對你真心的歉疚。當然，也可能他是因為「對不住」你而愧疚。但這也說明即使他真犯了錯，也不是心安理得，只要你對他一如既往，他一定會懸崖勒馬。

你若單刀直入地問：「不會是你外面有了女人吧？」他生氣地說：「我是那種人嗎？」那十有八九，這已經是事實了。因為人在心虛且怕遭到探究時，總會擺出一副無辜的正人君子模樣，好像你那麼問他，就是對他人格的褻瀆。

其實，男人面對妻子的疑問，正確的做法應該是耐心解釋，解開她的心結，而不是一副不耐煩的態度。誰叫你行跡可疑呢？妻子總不會是連問都不能問一聲吧！

如果你都問不出來，也沒關係，照樣可以從他的日常行為裡找出蛛絲馬跡：

他故意迴避你；打公司電話，總是不在辦公室，要不就說現在很忙；打手機，不是關機就是無人接聽，要不就是在開會或應酬，而且對你的詢問很不耐煩。

晚上回到家，你想摟住他，他假裝不知你是何意，挪開你的胳膊。家裡電話一響，他搶著接。你問他是誰，他含糊地說：「一個朋友。」或者「打錯了！」本來不浪漫的他，忽然買起名牌領帶和襯衫，每天皮鞋擦得晶亮。

他也可能對你忽然好起來，給你買衣服、買首飾，周末還主動陪你去逛街，下廚給你做飯……你若對此感到驚訝，他會趁此向你表達愛意，令你覺得自己是世界上最幸福的女人。實際上，這一切都是他因為內疚而做的補償。不過，他能這麼做，起碼也說明他依然想維持你們的婚姻，維持這個家。

# 40 如何判斷女人是不是有了外遇

婚姻是青春的結束，人生的新起點。然而，人生難免有不測之風雲，婚姻也可能半路觸礁。你的另一半在各種誘惑前若難以自控，就會在行為上反映出她心理的變化。

你的妻子美麗聰慧又溫柔，在社交場上風姿綽約，很是了得。尤其最近幾天，你發現她回來做晚飯的次數越來越少了，對你好像也變得有點冷淡。由此你擔心，她是不是愛上了別人？

夫妻之間的確應該相互信任。但是，在這個浮躁的社會，對方出現了一點反常舉動，總難免讓人七上八下。所以，做一點小小的試探也無妨。

和妻子親熱時，你可以說：「你身上有男人的味道……」如果她神色尷尬或以玩笑搪塞：「說什麼呀？」那她肯定以自己的行為為焦點，「誤解」了你的意思，婚外情十有八九已發生在她身上。如果她仍舊帶著「無知」又甜蜜的表情說：「當然是你的味道囉！」那麼你的妻子並沒有背叛你。因為不犯錯的人，思維模式還是順著原路線，她自然認為你說的「男人」就是你自己。

此外，你該注意她是不是在穿衣打扮化妝上用的時間比以前更多了？她是否很注意把自己修飾得更標緻？如果那不是工作上的需要，就一定是她的心理需要。

她會不會在周末時急著出去，跟你說，有朋友邀她去逛街？你是不是總找不到她，不知道她到底在哪兒？

也可能晚上回家後，她對什麼都不感興趣，眼睛盯著電視，完全無視你的存在。她總是磨磨蹭蹭，熬到很晚才慢騰騰地爬上床。一旦發現你沒睡著，就把身子挺得僵直，生怕你對她「想入非非」，做出什麼「越軌」之舉——她分明已不把自己當成你老婆了。即使她沒有過分抗拒你，也顯然「身在曹營心在漢」。這時你大可推斷，你的婚姻多半已岌岌可危！

其實，在婚外情方面，識破女人的心比識破男人的心容易得多。因為女人重情甚於理智，很容易陷入而忘乎所以，感情暴露得很明顯；而男人總是理性地權衡利弊，看一步走一步，善於克制和偽裝。

第二章

# 怎樣解讀肢體語言

肢體語言與語言的區別在於；肢體上的行為、舉止、動作、神情等，能傳達出一些也許我們自己都未能察覺到的信息。

當你和一大群新朋友圍在一起聊天時，你稍加注意，即會發現他們各有各的動作和姿態。在肢體動作中，手的活動最為豐富，能夠充分表達出人的思想活動情況。

# 41 如何從聽眾的手勢判斷他們對你的感覺

某人如果用手搔頭，就表示他感到尷尬、不好意思，或者他是在思考。如果用手托住額頭，表示害羞、困惑、為難，以及想解決某件事情。倘若有人雙手相搓，不是表明他對所說的事很有把握，就是表明他陷入為難、急躁或者局促不安的狀態之中。交談時雙手攤開，一般是表示真誠、坦然或無可奈何聳聳肩一臉無辜。

某人雙手插腰，通常說明他在挑戰、示威或為自己感到自豪。說話時若喜歡玩弄身邊的小東西，則昭示其內心緊張不安或百無聊賴。和你交談時，如果對方用手指做小幅度的動作，表示他對你的談話不感興趣、不耐煩或持反對態度。這時你最好終止談話。

心裡處於焦慮不安的狀態時，某些人會習慣將一隻手放在桌上或沙發上，不停地輕彈手指；有些人則習慣用手指搓撚紙條或捏著香菸濾嘴用力吸。

在面臨某一選擇而處於猶豫不決或不知所措的心理狀態時，某些人往往會不知不覺地用手搔脖子；有些人則會用手搔後腦勺。後一動作也被看作是害羞的表現。

如果某人正情不自禁地摩拳擦掌，表明他對某件事充滿渴望和期待。

用手敲打頭部這個動作，通常表示懊悔或自責。如拍打的部位是腦後部，則表示這個人不太注重感情，對人苛刻；打擊前額的人則多半很直爽。

……

也許你是個善於在各種公開場合做演講的人，那你一定對聽眾無意中做出的手勢非常熟悉。很多常見的手勢動作會暴露出聽眾相關的心理狀態。

有人在聽演講的過程中會雙手抱胸。抱胸這個行為：一、具有保護人類最重要的心臟之意。因此，這個動作可以視為一種拒絕的表現。二、由於看不見手掌，可以解釋為為了防備對手的攻擊性行為，在防衛對手的同時，必要時也會轉守為攻。

如果聽眾中有許多人雙手抱胸，這表明他們無法接受演講人的言論。不過，年輕人對於胳膊交抱的行為另有一種新的解釋，認為這是一種自我陶醉心理的表現。

如果有的女人把手臂放在桌子上，頂肘而交叉雙手，這也是一種拒絕的表現。這種情況與男子胳膊交抱的心理表現並無二致，猶如以手築牆，拒人於千里之外。

如果你的聽眾總是用手摸頭，這就表明他正在思考某些問題。大多數人在思考問題，或絞盡腦汁，欲理出頭緒時，往往會用手去摸頭。不過，由於情況的不同，有時是敲敲頭，有時則搔搔頭，也可能抓抓頭髮，或是以手掌揉太陽穴等等。此時，如果手的動作突然加快起來，說明他加快了思考的速度，手的速度與思考速度成正比。當新構思浮現時，抓頭的頻率往往也會隨之加快。

## 42 如何從手指的動作判斷對方的為人

你會用一隻手掌的五根指頭表達出數字1到10嗎？很有趣，五指雖少，卻有許多不同的變化。和人在某個聚會上初次相識，你有沒有觀察過對方手指的動作？手指動作的變化與人心的變化總是相映成趣。善於觀察的人，很容易從手指的變化中探悉一個人的心理活動。

伸出手掌時五指全部分開的人，表明他心情愉悅，樂觀輕鬆。若他經常如此，必不易患「七情」內傷症。伸出手掌時不自覺分開拇指的人，可能過於倔強和小器，總是「以小人之心度君子之腹」。

伸出手掌時不自覺打開食指者，凡事喜歡獨立行動，從無依賴心，不易與人相處；伸出手掌時不自覺打開無名指者，有外鬆內緊的心理，對外人和藹可親，對家庭卻缺乏體諒。

伸出手掌時五指併攏者，做事有理有條，小心謹慎，計畫性強，但過於細心，對別人要求很高，做不到時易自尋煩惱。伸出手掌時整隻手掌縮捲，表明此人總是怕自己吃虧，認為別人會算計他，做事小心，生活儉僕，精打細算，從不吃虧。伸出手掌時小指分開者，常認為別人和自己不太相關，喜歡獨來獨往，不太合群。

如果對方手掌向你直伸，那他一定有平等待你之心，你們可以成為一對平等的朋友；對方用雙手握住你的手，說明他心理上想留給你一個熱情的印象。

如果對方用手握住你的指尖，說明他缺乏自信或生性冷淡。你必須在今後的交往中打破這種距離感。如果他握手的手有些潮濕，且沒有外在的原因，那就表示他在心理上一定十分緊張或惶恐。

當對方攤開手掌時，他心理的信號是他很無辜，表現出一種誠懇、順從的態度。他若一手放在背後，則是他的心理情況很糟，想要隱瞞事實。

## 43 如何從握杯子習慣看出對方處世的心態

手握杯子的動作通常因人而異，這是因為人的心理狀態不同。

你應邀出席一個酒會。待出席者彼此介紹，親切握手之後，就該坐下來喝一杯了。這時，從人們拿杯子的不同手勢中，可以在某種程度上看出他們的心理狀態。

某位女子把酒杯平放在手掌上，一邊喝酒，一邊滔滔不絕地說話。這反映出她個性活躍好動，精神亢奮，心情愉快。

有的女子是握住高腳杯的腳（只捏住杯腳），食指前伸，表明她只對有錢、有勢、有地位的人感興趣。

有的女子喜歡玩弄酒杯，則說明她天真爛漫，只在乎一些小事。

有的女子總是不停地把酒杯翻過來，倒過去（左右搖晃），這說明她對男人有企圖，正在賣弄風情。

有的女子愛用一隻手緊緊握住酒杯，另一隻手則無意識地劃著杯沿，這表明她在沈思某個人或某件事。

還有一些女士喜歡聽別人談話。她們往往緊握酒杯，有時甚至把杯子放在大腿上，以便集中精力傾聽。

男人則表現出不同的跡象。如果他喜歡緊緊抓住杯子，拇指按著杯口，表示他心情開朗，情緒很好。有的男人把杯子緊握掌中，拇指用力頂住杯子邊緣，表示他心裡很清楚自己對某件事的看法。

用兩隻手抓住酒杯的男人，一定是在思考或回憶某件事。

有一種善於偽裝的男子，他們總是用手捂在杯子上面，就好像用同樣的辦法巧妙地掩蓋自己的情感一樣。他們從不在別人面前暴露自己。與這種人打交道，就必須小心為妙了。

## 44 如何從喜歡的寵物及收藏品看人的心理

寵物為我們忙碌的生活增添了幾許安逸和樂趣。牠們成了我們煩躁和寂寞時的玩伴，有時甚至和我們心心相印。養什麼樣的寵物，也和人的心理狀態有關。

喜歡飼養貓的人往往獨立性強，想什麼就做什麼，對自己和別人都很嚴厲。

喜歡飼養狗的人，一般來說，不是生活較為閒適，就是寂寞難耐。

有人喜歡飼養臉上有缺陷的狗，這是因為他們大多對自己的容貌缺乏自信，想從狗的身上獲得一些心理補償。

喜歡飼養大狗的，其人虛榮心極強。不然，就是他們本人很強悍。

有人喜歡飼養名貴的狗，這種人大多都具有歇斯底里的性格，也具有強烈的自我顯示欲。若是喜歡飼養北京犬、吉娃娃之類的小型犬，這種人有小聰明、對事物多半深具猜疑心。

喜歡飼養鳥類或魚類的人，癖性孤獨，人際關係也不是很協調，因而養這類安靜的寵物聊以自慰。

溺愛小貓小狗的女性，對於愛情的強烈欲求往往未得到滿足。即使長大成人，也依然不能割愛兒童時代的玩具，這種人內心害怕長大，精神構造如同幼兒，依賴性極強，思維比較天真幼稚。

此外，我們也能透過一個人對他人的態度推知他或她的心理。

終身眷戀父親的女人，因為懷有戀父情結，婆媳關係多半不會圓滿。

一直眷戀母親的男性，因為懷有戀母情結，常常會不滿意妻子的言行。

有些人十分珍惜象徵過去之光榮的紀念品，這表示他對自己目前的境況感到不滿，談話可能會提「想當年……」

總喜歡把自己收穫的古董、美術品或搜集物展示給別人觀賞的人，具有自我擴大的欲望，渴望獲得讚美，是內心較寂寞的人。

# 45 如何從各種服飾洞察人的心理狀態

不可否認，服裝或多或少會反映出一個人的性格，以及他的心理狀態。

穿著違反社會習俗的服裝，即所謂奇裝異服，是懷有強烈優越感的表現。

穿著比合適的尺寸更大的服裝，表示此人自我顯示欲強。

喜穿青色直紋服裝的男人，一般對於目前的生活或事業進展深感不安。他們大多精神很脆弱。

愛穿華美衣服的人具有強烈的自我顯示欲和金錢欲，且可能有歇斯底里性格。

在打領帶方面，喜歡白色領帶或不愛打領帶的人，自我意識都很強。

愛穿樸實無華之服裝的人往往認為自己不能太花俏、太突出，生性有點自卑，缺乏主動性。

一般來說，整體穿著很樸實，獨對某部分的服裝搭配很講究，這樣的人很有個性，有堅定的自我主張，一方面不喜追隨所謂的潮流，一方面又想讓自己顯得有品味，與眾不同。

對於社會上的流行事物非常敏感的人多半缺乏自信，認為流行就是好的，所以要藉流行的服飾樣式掩飾自己的弱點，抬高自己的自信力。

有些人完全不在乎自己的嗜好，一味沈迷於追求時髦的前衛風格。這種人往往很孤獨，而且情緒很不安定。

有些人對於流行漠不關心，他們雖然個性很強也頗自負，但也懷著某種矛盾的心理癥結，缺乏協調性，不大能變通。

如果有人突然改變對服裝的嗜好，表明他的情緒正發生變化，不是遇到了好事，就是倒了楣，反正一定是——有事情要發生了！

## 46 如何從手勢判斷對方的喜怒哀樂

手勢可以幫助我們表達感情，也會透露出我們的心理信息如果不經過交談，只看見對方用手做了一些動作，你能判斷他想表達什麼嗎？

拇指和食指摩擦，表示他想得到錢。如果手中有一疊嶄新的鈔票，拇指和食指勤快地忙著點數，這時他的心情肯定不會壞吧。這樣的經歷比較多的人，在拇指和食指摩擦鈔票之際，建立了條件反射式的聯繫；當時愉快的心情又加強了這種聯繫。所以，一提到或想到錢，很自然地，兩隻手指就禁不住要擦一擦。

揉搓手掌，暗示對某項活動很有興趣。一個小孩看見母親從超市推出一車子東西時，他很可能搓揉手掌，表現出企盼的樣子。一位男士經過不懈的追求，終於得到他心儀已久的女孩敞開芳心，面對著心愛的女孩，他可能會反反覆覆搓揉著手掌，激動地憧憬著未來。有一位公司總裁正主持一項重要會議。這時，祕書送來一張字條。他看完後，立即站起來揉搓著手。不用說，一定有什麼好事發生了。一會兒，他果然說：「各位，我們爭取到了超棒棒公司一筆大金額的合同了。」

用手帕或紙巾擦手，表示內心緊張、不安。因為緊張、不安，手掌上會滲出不少汗水，自然要拿東西擦乾。有些男士懶得去拿什麼手帕、紙巾，褲子當然是最方便的，所以他們在緊張時會摩擦褲子。

交叉手指，表示盼望好運氣。孩子對母親撒一個無關緊要的謊，或是盼望好運氣時，常會交叉手指。經常把口袋裡的銅板弄得叮噹響的人，都很重視錢。這就是為什麼乞丐走過你身邊時，總是把鐵罐裡的錢弄得叮噹響，以表示他們需要錢。

兩隻手指併在一起，表示兩人的關係非常親密。這彷佛在說：「我們倆就像這兩隻手指併在一起般親密。」

# 47 如何從站立的姿勢推知陌生人的內心世界

真誠的友情，不論在什麼時候都是真誠的。虛假的友情，一遇上適當的氣候，立即就顯露其虛假。

你剛認識一個人，和他面對面站著講話。且注意他的姿態究竟如何？

如果他攤著雙手，和你有說有笑，那就表明他是個沒有心機，很容易對人家敞開胸懷的人。他的動作顯示出他對陌生人沒有什麼防範。你遇到一個剛認識的人，他很直覺地就攤開手，跟你有說有笑。這除了表明他是一個很率直的人之外，也表示他對你有很不錯的感覺，他心底應該很喜歡跟你做朋友。

如果他雙手交叉在胸前，身體微微轉向旁邊，表明他對你沒什麼好感，但是又不好意思說出來。表面上他還和你談得來，但他的潛意識裡已在催促你趕快離開。他的雙手交叉在胸前，是自我防衛、拒絕的意思，意味著他不是很想跟你面對面談話。可能是他覺得跟你談話不自在，所以下意識地把身體傾向一邊，一有機會就會轉身走開。除此之外，也可由此看出，他在交朋友方面比較保守，對於不熟的朋友，他通常都會保持距離。

如果他把雙手背在後面握著，身體正對著你，說明他很喜歡交朋友，而且非常自信。他會主動找人搭訕，不僅不怕生，還以認識陌生人為樂。首先，他在陌生人面前覺得有信心，所以他不怕把自己的胸膛展現在陌生人面前。他沒有被攻擊的顧慮，甚至把雙手交叉在背後，表示毫無恐懼之心。除此之外，他總是以正面面向對談的人，更可說明他很有自信、很豪氣。他在團體中多半居於領導之位。

見到陌生人，或是和第一次見面的人講話，如果雙手叉腰，暗示此人在潛意識中對陌生人有種不安感。或許是他的信心不夠，或許是他的氣勢不強，為了加強自己的氣勢，所以他雙手叉腰，讓人家產生他的體積很壯大的錯覺。此外，他的身體會不自覺地向前傾。這也是在利用身體語言暗示：他可不是好惹的！

## 48 如何判斷朋友對你講話時的心態

在人際交往中，可悲的不是理解，也不是不理解，而是表面上好像什麼都理解了，實則什麼都未理解。那麼，你的朋友和你真的很知心嗎？

你和朋友談心事的時候，他的姿態可以讓你看出他是否真的在聽你講話。

如果他的手不停地撫摸下巴，那麼他一定正在沈思別的事，你在講什麼，他必然聽不見。不信的話，下次你若見他又不停地撫摸下巴，就問他你剛剛講了什麼？他一定答不上來。這種人雖然喜歡想東想西，但不會去算計人，只是有時候會鑽牛角尖，一個人陷入思考的迷宮中走不出來。因為他容易胡思亂想，在人際關係的表現上也比較神經質。

如果他用一隻手撐著臉頰，表示他無法專心聽你講話，只期待你快點結束話題，或是輪到他發言。事實上，他也不是真有什麼話要講，只是覺得你的談話很無趣罷了。這種人通常整天懶懶散散，做什麼事都提不起勁，對朋友的事也不會很熱心，似乎一整天都在無聊中度過。

他也許用拇指托著下巴，其它手指遮著嘴巴或鼻子。那麼，他是個很有主見的人。他似乎不是很同意你的說法，只是不好意思說出來，這種動作就是潛意識中怕一不小心說溜了嘴的防衛姿勢。會以手遮住嘴巴或鼻子的人，在心理反應上通常有兩種可能：一種是想反駁你；另一種就是他在說謊。你瞭解了這種肢體反應之後，如再遇到他做出這種姿態，就可更仔細地觀察他，看他是在說話時遮住嘴，還是在聽你講話時遮嘴。如果是說話時，那很明顯是言不由衷；如果是傾聽時，那就是他不同意你的說法。

他若不停地搓耳朵，說明他有點心煩氣躁，不然就是很喜歡講話，不喜歡當聽眾。如果你發現你的聽眾一直摸耳朵，那麼，你最好停一下，徵求對方的意見。不然，很有可能你說你的，他煩他的，你們的人際關係就不容易搞好了。

## 49 如何從走路的步伐推知對方的心態

你一定有過和朋友一起逛街或並肩而行的經歷。他的步伐是快是慢，有何節奏，都會透露出他的心理狀態。

高視闊步者表現出強烈的自信，想給接近他的人留下深刻的印象。

大搖大擺地走，這樣的人雖有自信，但又充滿自誇與自滿，顯得有些輕浮。也許他確實有點讓人刮目相看的小本事。

左右擺動著走的人一般具有親和力，這種人什麼事都不放在心上，能讓人感覺出他的友善，不具脅迫感。

邁開大步走是一種冷酷且具有權勢的步態。這樣的人是想讓人知道他的地位和權威，也可能說明他此刻比較心急。散步似的步伐常是用來消磨時間，說明這麼走的人此刻心情輕鬆或正在思考。

一味閒逛，信步而走，沒有固定方向而且大方隨意，這顯示出心情的閒逸。如果你的朋友躊躇不前，時斷時續，說明他懶散、徘徊，或缺乏前進的勇氣，也可能是無聊，沒事做，不然就是在流連什麼……

雙腿沈重，步態蹣跚。一個人覺得疲倦或心情鬱悶時，就會出現這種步態。無精打采地走，也是疲憊的反映。身體略為前傾，上身有點彎腰駝背，以幫助行走，這種步態最常見於卑屈的下屬或體力勞動者身上，他們在心理上總是屈從於別人或不堪重負。

慢吞吞地走，這是生病或精神憔悴時拖著兩腳走路的步態。醫院裡，動過手術的病人最常出現這種步態；大街上，可看到流落街頭的老人也這樣慢吞吞地走。所以說，這樣的步伐表示一種對自己的擔心或地位卑微。

躡足行走，是一種有欠光明磊落的步態。一個人若不希望自己的行為被他人察覺，就會採用這種神不知鬼不覺的步態。

碎步，走得快但步伐小。這是一種女性誇張的走路方式，說明她有點神經質。

以跳躍的方式走路，每跨出一步，身體就向前躍出一步。這是一種充滿歡樂的步態，顯示出走路者的健康與樂觀。

## 50 如何判斷朋友能否為你保密

被朋友傷害，精神的痛楚遠多於現實的打擊，因為你的自尊心受到極大的傷害。與朋友相交，必須保持一定的安全距離，友誼才會更長久。

當我們為工作、戀愛、生活中所遇到的困難煩惱時，總會找個好朋友傾訴一番。可是，涉及個人隱私時，你既想傾訴，又怕對方洩漏出去，那該怎麼辦呢？

這時你就要看看聽你講話時，朋友的雙腳是什麼姿勢。透過觀察，你會清楚，對方是不是會把你們的談話到處宣揚。

兩腳並攏直放的人，其危險程度幾近於零。這種類型的人聽了你的祕密後，絕對不會四處宣揚。

除了尊重你的隱私之外，這種人還會給你很好的建議。而且，他也很會自我保護；不是在很特殊的情況下，他也絕對不會說出自己的隱私。

兩腳並攏斜放的人對他人的隱私並不十分關心。即使是好友，他也會保持著冷淡的關係。這種人不會因為覺得有趣而洩漏他人的祕密。可是，一旦他嫉妒你，就會到處宣揚你的祕密，用來貶損你，之後又會懊悔不已。

兩腳交叉的人，還是不要輕意對他講出你的隱私。這種人雖然沒有惡意，可是聽了他人的祕密之後，就會忍不住到處宣揚。不過，由於他並非存心不良，你也不能過分苛責他。反正，隱祕之事儘量不要跟他說。

兩腳分開的人，危險至極。你若相信這類型的人，那就沒有祕密可言了。這種人喜歡四處打探他人的祕密。一旦得知，就像個傳播機、大喇叭，馬上傳遍周遭。不僅如此，他還會把聽來的「道聽途說」添油加醋，到處亂講，讓你頭大。

# 51 如何判斷談判對手的心態

談判是為了謀求某種利益。所以，在唇槍舌劍的談判桌上，你必須步步為營，避免閃失。此時，如果學會從細微之處窺透對手的心態，就能為自己的談判爭取主動，控制好局面，或許還能取得意想不到的收穫。

你的談判對手也許是個表情含而不露的傢伙。他話不多，不怒也不笑，身子也挺得筆直。這時你有什麼辦法能看出他微妙的心理變化呢？

眉毛的變化豐富多彩，可以讓你在細微之處發現祕密。

你提出一項議案，對方忽然雙眉上揚，表示他非常欣喜或極度驚訝。

若單眉上揚，則表示他不理解，有疑問。

若他皺起眉頭，要嘛是他已陷入困境，要嘛是他表示拒絕、不贊成。

如果他眉毛迅速上下活動，說明他心情愉快，內心贊同或對你表示親切。

如果眉毛倒豎，眉角下拉，說明他極度憤怒或異常氣惱。

眉毛抬高，表示他對你的意見「難以置信」；半抬高則表示他「大吃一驚」；若他沒有一絲變化，眉毛很正常，則表示他「不作評論」。

眉頭緊鎖，表示他內心憂慮或猶豫不決；眉梢上揚，表示他樂於接受；眉心舒展，表明他心情坦然、十分愉快。

## 52 如何從眼神窺破對方的內心世界

眼睛是心靈的窗戶。透過這扇心靈之窗，我們可以解讀他人內心深處的世界——因為人無法完全控制自己的眼神，使之按照自己所表達的需要或喜或悲。所以，回訪那對豐富的心靈之窗，我們就可以輕而易舉地掌握別人的心理。

比如，在交談中注視對方，是想要強調內容以引起他的注意；與人視線一觸即開，大多心存自卑——但看異性後迅速轉移目光，要嘛是對對方不感興趣，要嘛是對對方有著強烈的興趣；仰視對方表示尊敬，俯視對方是想要確立自己的權威；斜眼看人表示對人沒有興趣但又怕被他發覺……等等。

首次見面，先移開視線者分成兩種情況：要嘛不敢對視，心虛，所以先移開視線；另一種情況恰恰相反，或許不屑一顧，覺得對方擔當不起自己的「注目禮」。瞄一眼隨即閉眼是一種信任的表示。他是在說：「我相信你，大膽幹吧！」

眼睛上揚，眼瞅上方，這人十有八九在撒謊。這種動作意在假裝自己無罪，似乎在說：「我很無辜！」其實，他是「有問題」的。

眼眸晶瑩欲滴，似乎要落淚，表明情緒很激動，或悲或喜，心情起伏很大。

大力地眨眼，表示：「太不可思議了！簡直無法令人相信！」連續眨眼是在賣弄風情，引起注意。擠眼睛，表示雙方之間有默契，心有靈犀；初次見面便擠眼睛，則具有挑逗意味，有點曖昧不清。

目光閃爍不定，表示對方心緒不寧，或是覺得你的話題很無聊。

總之，張飛打架時的眼神和貴妃出浴時的眼神有著天壤之別。注意別人的眼神，或許可以窺破其內心。試試吧！

## 53 如何判斷對方的一本正經心態

你自認為是一位美女，走在街上，周遭的人回頭率不說百分之百，也起碼過半數。一次，你登上一輛公共汽車，幾乎所有人都對你的美麗側目而視，偏偏一位衣冠楚楚長相斯文的男士只用餘光掃了你一下，之後便目不斜視，一本正經的樣子。

不要以為此人對你毫不重視。他的姿態含有很多層意思。

看了異性一眼，就馬上故意收回視線，面無表情，再也不看第二眼，這恰恰表明此人再看的欲望很強。只是，他強烈地壓抑下來。

若是一般夫婦兩人上街，丈夫對擦肩而過的美女瞅都不瞅一眼，他可能是礙於夫人的面子而自制；若妻子不在身邊，他很可能對那美女動手動腳，是真正的色狼。

如果你發現有人正目不斜視地坐著，瞅都不瞅你一眼，他可能是拒絕與你做目光交流，不想與你產生某種默契。他是在告訴你：「我和你沒關係！」

也有人臉帶微笑，卻拒絕和你對視。他可能是在暗示你，要你繼續探究他，他很快就會欣然「投降」。這是一種誘導的行為。

## 54 如何從頭部動作判斷對方的意圖

你可能會在一些場合看見某些人並不講話，只是以一些頭部動作傳情達意。你能領會其中的意思嗎？

頭部垂下，它的基本信息是：「我在你面前壓低我自己！」也可能表示慚愧、認錯、懊悔或心裡有鬼。如果居上位的人做此動作，則是以消極的方式表達：「我暫不想和你談！」

頭部猛然上揚，然後恢復通常的姿態，如果是發生在雙方剛剛見面，還不十分接近的時候，它表示：「我很驚訝，竟會見到你！」——頭部上揚代表吃驚。若你們彼此熟悉而相遇時的距離較遠，頭部上揚同樣表示吃驚。當和你熟悉的某人突然明白了某事物的要旨，頭部上揚則表示：「哦！是的，那當然！」

搖頭，本質上是否定信號。

以頭部帶動頭猛力轉向一側，再使它回復過來，同樣是傳遞「不」的信息。

頭部半轉半斜向一側是友善的表示，彷彿是同路人打招呼，傳遞的信息是：「我看見你了！」

若一個人說話時不自主地搖晃頭部，而且頻率很高，說明他正在說謊，而且試圖控制這個動作，但又不能完全控制。

緩慢地晃動頭部，則表示驚奇或震驚。很可能他剛得知的消息很不尋常，令人難以置信。他不敢相信自己的眼睛，以至於要晃動頭部，才能確信這不是做夢。

頭部筆直，表示他很有分量且無所畏懼，即使泰山崩於前，也面不改色。也或許是心裡覺得無聊，因而定定地發呆。

頭部往側面移開，基本上是一項保護性的動作，表明這人可能是想藉由掩飾臉部，隱藏自己的真實意圖。

頭部向前伸並面向感興趣的方向，表明此人心中不是滿懷愛意，就是滿懷恨意。例如：兩個相愛的人伸長脖子，深情專注地凝視對方的眼睛；兩個冤家伸長脖子，探出頭部，以表示他們不畏懼對方。也有可能是對方渴望吸引你全部的注意力，所以探出他的臉，以阻擋你去看任何別的東西。

頭部縮回是迴避的動作。

突然把頭低下以隱藏臉部，表示謙卑與害羞。在心懷敵意的情況下，把頭低下，表示他很緊張，以致脖子酸痛。這時，他的眼神並沒有隨頭部下垂。

抬頭是有意關注的表現。例如，一個人原先低著頭，忽然傳來一聲響，他趕忙抬頭，表示他被打攪，想探求是怎麼回事。

頭部後仰是勢利小人或自負之人的姿態。一個人會把頭部後仰，表示他沾沾自喜、桀驁不馴，自認為優越而存心違抗。基本上，這種姿態是挑釁的信號。

頭部斜放歪向一邊，是假裝天真無邪或故意賣俏，即表示：我只是一個小孩——言下之意：你要在意我、愛護我！

頭部低垂的動作，表示深覺厭倦。

## 55 如何判斷身邊的人在傳達什麼訊息

乘公車或地鐵的時候，座位上的人姿勢各不相同。你可以透過他們的坐姿，窺探他們的內心。

淺坐在椅子前方而不靠向椅背的人，多半是在趕時間，或對眼前的人事物有所顧慮，抱著強烈的警戒心理。平常都採取淺坐姿勢的人屬於神經質、不甘寂寞的類型。他們有時會因過度在意細枝末節而吃虧。

仰靠椅背，穩若泰山，坐在椅子上的人不是具有優越感就是很自信，內心很安穩。他們行動敏捷，具有貫徹自己想法的強烈執著。

如果有人採取這種坐姿而雙手環抱胸前，表示其個性尤為頑固。對身邊的人越沒有警戒心時，他們就越會深坐在椅子上。

坐在椅上而立即蹺腳的人，是想自我顯示精明能幹的表現。

雙腳並攏而坐的人，多半是對別人表示不關心或以輕鬆的心情面對所接觸的情況。若他很討厭束縛，也會採用這種坐姿。

蹺腳時左腳在上的女性具有追求冒險的強烈欲望，對任何事都表現出積極的態度，以自我為本位。她們喜好夜晚的情調。因此，若要與這種女性約會，最好選擇飯店的交誼廳、高級酒店等場所。

蹺腳時右腳在上的女性絕不會主動與男性接觸。她們有點喜歡搬弄道理，討厭時髦又缺乏男子氣概的男性。與這種女性交往，如果她有事相托，只要負起責任，真誠地幫忙，即可提高自己的信譽。

雙腳往右或往左傾斜而坐的女性自尊心極強，渴望受人矚目。因此，在交往的過程中，必須注意不要傷害到她的自尊心。追求的要領是：讚賞其貌美或格調高雅，把她當成貴夫人。這樣才能滿足她們那種自戀的心。

坐時腳掌交錯的女性多半具有少女情趣。她們傾慕父親型或大哥型的男性，追求柏拉圖式的男女關係。因此，突如其來的接吻或性要求，會使她強烈反抗，從而厭惡你。她們對男性的警戒性極強。因此，最理想的追求方式是利用電話邀約。交往的祕訣是：以和善的忠言使其敞開心扉。

## 56 如何判斷同事間的心事

在一間寬敞的辦公室裡，你和同事們坐在各自的位置上閒聊。這時，不同的坐姿就反映出你們不同的心理。

有一同事正襟危坐、目不斜視，一副和你們的談話毫不相干的樣子，那麼他一定是個行事周密而講究實際的人。他是在極力掩藏自己，生怕被大家看透什麼。

喜歡側身坐在椅子上的人，往往對聊天的興趣很大。只要自己心裡感覺舒暢，他不在乎有沒有給人留下好印象，這種人最好相處。

如果他身體彎曲，雙手夾在大腿中間，不是因為冷就是自卑感很重，或因過度謙遜而缺乏自信，在不知不覺中採取了防衛姿態。

手腳大大咧咧敞開而坐的人，具有上司的氣質和支配欲。此時他極有可能是談話的主角。他這種開放的姿態，表示他可以接納、支配在場的任何人。

一條腿放在另一條上的動作，通常是害羞、忸怩、膽怯和缺乏自信心的表現。盤腿而坐的人，如果是男性，通常還會握起雙拳，放在膝蓋上，或雙手緊緊抓住扶手；女性則通常雙手自然地放在膝蓋上，或一隻手放在另一隻手上面。經過研究證明，這是一種消極地制止思維外流、控制情感的表露、消除緊張的情緒和恐懼心理的一種警惕或防範他人的坐姿。

將椅子反轉，跨騎而坐的人，表示其正面臨言語的威脅，對他人的談話感到厭煩，或想抵制他人在談話中的優勢，故而做出這種防衛之姿。具有這種習慣的人，總想唯我獨尊，在團體中稱王稱霸。

在他人面前猛然坐下的人，表面上雖然是一副隨便、不拘小節的樣子，其實他內心正隱藏著不安，或有心事不願透露。

坐在椅子上不斷搖擺、抖動腿部，或用腳尖拍打地板的人，表示此人內心焦躁、不安與不耐煩。這樣的舉動有時是為了擺脫某種緊張感。

與你比鄰而坐的人若是有意識地向外側挪動身體，說明他在心理上希望與你保持一定的距離。

喜歡與人面對面坐著的人，與並排而坐的人比起來，更希望自己的內心世界能被對方所理解。

斜躺在椅子上的人比坐在他身邊的人更具有心理上的優越感，或者內心希望居於比對方更高的地位。

挺直腰桿而坐的人，極可能是為了向對方表示恭順之意，也可能是被對方的言談所吸引，激起濃厚的興趣，或者欲向對方表示心理上的優勢。

# 57 如何判斷誰是你真正需要的朋友

朋友固然能夠幫助你建功立業，但關鍵還是在於你本身能否成為大器。

有四個人同時和你認識，和你聊天時各有不同的姿態，你會和誰做朋友？透過這個，可以判斷你自己的心理狀態：你是不是會依賴朋友？

一、如果你喜歡和眼睛直視你，頭抬得很高的人做朋友，這暗示你需要安全感，或是不想出風頭。你所選擇的這個人會直視著你，表示對你很關懷，也有可能是想用他銳利的眼神壓過你。從心理氣勢上講，他是想支配你。他頭抬得高高地看著你，是一種把你放在低位的暗示，以顯得他高高在上。因此，你喜歡和他做朋友，就可以說你是被他的氣勢所吸引住了。這就表示你是個喜歡有依靠的人。

二、和雙手橫在胸前、或一手摸鼻子的人做朋友，可能連他在想什麼，你都不知道。你最好不要和這樣的人稱兄道弟，否則怎麼被賣了都不知道。而且，你選擇的這個人，很聰明又很有心機。因為，第一，他雙手橫在胸前，暗示他不敢和人坦誠相見。第二，他和你聊天時一直摸著鼻子，暗示他不是在欺騙你，就是不同意你的說法。

三、選擇雙手交叉胸前，腳也交叉站立的人，說明你是個比較喜歡照顧別人的人，而且你沒有心機，喜歡和老實、忠厚型的人做朋友。你不喜歡動腦筋去算計人，做人腳踏實地，因而不喜歡矯揉造作、油腔滑調的人。你的直覺可以告訴你該選哪種人。他雙手抱胸，暗示他很不安，可能不善於交際。他的雙腳也交叉著，說明他是很緊張的人。由這些信息，可以判斷出他是個很拘謹的人。這種人雖然比較鈍一點，卻很值得交往。

四、如果你很喜歡和那種雙手放在背後，身體正對著你的人做朋友，這就表示你很希望有一個坦誠的朋友。他把雙手背在身後，表示他對你的存在不具備任何防禦心。你喜歡和這種人交往，也表示你沒有心機，也想對朋友坦誠。

## 58 如何從購物揣摩對方的為人

購物時，會反映出購物者的心理狀態、個性脾氣及金錢觀念。有人把購物的英文 Shopping 翻譯成「瞎拼」，意在藉著文字諷刺購物的盲目、不理智。下次當你和朋友、家人一起逛街時，不妨用心觀察他們的一舉一動以及特殊喜好，進一步瞭解他們的內心世界。

有些人在完成一件艱難的任務，長期努力工作，終於獲得老闆加薪，或是連加幾天班後，會突然興起一股強烈的購買欲，想要好好地犒賞自己一下。這是一種補償心理。

有的人在心情沮喪或壓力過重時，會藉著「大吃大喝」獲得滿足；有的人則是藉著「大買特買」抒解壓力。遇上這種購物狂，只要商店店員懂得討他開心，他就可能莫名其妙地買下「一大堆」——一輩子都用不到的東西！

總是千方百計把自己喜歡的東西買回家，否則會日思夜想，這類人就是有著占有心理的典型購物狂。

對占有欲強的人來說，不吃東西不會餓死，不買東西卻會難過得要死。因此，他寧可削減伙食費，以貼補製裝費。總之，喜歡的東西再貴，他也要買回家。

具有虛榮心理的購物狂最大的樂趣在於炫耀他所購之東西的價值以及自己的眼光。一般來說，這種類型的人很喜歡跟親朋好友「比較」雙方購買的東西。譬如：「你這件衣服在哪裡買的？啊！我這件外套是世界知名設計師亞曼尼的品牌！」一旦有人稱讚他的「品味超群」或「眼光獨到」，立刻就滿足了他的虛榮心理。

有些人上街買東西前，會依自己的實際需求，列一張購物清單，然後按著清單逐一購買，對不需要的東西很少「多看一眼」。

他們在交朋友的時候，也喜歡列一張「交友親疏單」。他們不會對所有的人都一視同仁，而會依彼此交情的深淺、好壞，給予不同的「差別待遇」。

這種類型的人有著按部就班的心理，做事有很強的原則性，絕對不會隨性之所至，想到什麼就做什麼，是很務實的人。

# 59 如何判斷對方是否注意你的談話

和朋友聊天，從他和你談話的姿態，可以看出他對你的重視程度和感情。

如果他是蹺著腿，頭仰起喝咖啡，這就暗示他不是很同意你的看法或說法，或是對你的談話不感興趣。因為，他蹺著腿，就表示他對你有所防範。仰著頭喝咖啡，則暗示他不想再聽你講話，藉著這種動作，暫時離開你的視線。所以，儘管他是你的好朋友，如果他做出這樣的動作，你最好改變話題，不然就把說話的機會讓給對方好了。

若他雙手枕在腦後，身體向後仰，那麼他一定不是跟你非常熟，不然就是很自我。即使是在聽你講話，他也要讓自己很舒服，不像一般人會儘量表現出很專心聽的樣子，目光注視著你，腰桿也挺得直直的。他之所以會雙手枕在腦後，一來表示他不想挺腰，二來他不想動腦筋；加上身體往後仰，更是暗示他不想聽你講話。如果你們不是很熟，就是他對你有成見，故意給你難堪。做出這種姿態，是非常不禮貌的表現。

你在講話，這個人頭低下，眼睛斜視別處，暗示他正在想一些心事：或許不同意你的說法，或許思考著如何回答你的問題。一般來講，在對談的場合，頭會低下的人不是認罪，就是有沈重的心思。一來他頭低下，可以專心思考，二來他怕心事會從眼睛中洩漏出去。所以，他除了低下頭，還儘量斜視，不讓你看到他的眼睛。

雙手放在胸前交叉在一起的人，基本上是一個很好的談話對象。他除了會很專心地聽你講話之外，還準備好了要和你討論。他對自己的回答很有自信，迫不及待地想要發言了。

## 60 如何從花錢上瞭解對方的心態

喜歡根據預算用錢的人，很怕浪費一分錢，屬於吝嗇型。這種人雖然很守信用，可惜很缺少人情味，不談感情只認錢，一切行為都很冷淡。

有錢時花錢如流水，錢緊張時則一毛不拔，這種人屬於躁鬱質的類型。

不惜借錢也要買自己喜歡的東西，是典型的歇斯底裡性格。這種人不懂得隱藏自己的欲望，虛榮心很強。

有的女性時常衝動地購買東西，其中可能隱藏著欲求不滿的心理。

生活方面很節省，欲不惜耗費鉅資在自己的興趣上，這種人偏執，不善應酬，交際不廣，但一旦遇到趣味相投的人，就會視為莫逆之交，推心置腹，無話不談。

對儲蓄津津樂道，把存錢看成一種目的，這種人大體上對金錢懷有強烈的自卑感，對未來缺乏自信，總想平平穩穩過一輩子。

即使犧牲生活費，也念念不忘投資生意，這種人對自己的行為總有一套說詞。因為不這樣，他們就不能心安理得。

不信任銀行，只信任現金的人，屬於內向的性格分裂類型。

## 61 如何破譯摟腰搭肩的真正用意

和人相處、尤其和親密的人相處時，好友間也許不自覺地就會把臂膀搭在對方的肩膀上，戀人間會很自然地摟住對方的腰。你知道這些動作的真正用意嗎？

你和戀人並肩過馬路，他的手不由自主地繞到你的身後，輕輕攬著你的腰，這是一種保護你，讓你緊跟著他，以免你受到傷害的表示。

你和戀人邊走邊說笑，你突然說了一句什麼，觸動了他的心弦，他會欣喜地摟一下你的腰。這是向你表示，他感到很溫馨，更加愛你，想和你更親近。若平時他就很喜歡摟住你的腰，那是向別人也向自己宣稱：這個人屬於我。總之，若對方對你沒有親密溫馨的感覺，不太可能會摟你的腰。

男孩子與自己的好哥兒們總喜歡互搭肩膀。這是一種歸屬心理的表示，即「我們彼此信賴」、「我們關係很親密」。女孩子若把手搭在對方的肩膀上，也表示類似的意思：「我們的關係很不錯！」她們很反感關係一般的人，卻把手搭在她們的肩膀上。

當然，也有些人，為了與別人套近乎、攀交情，就故意和人做這種摟腰搭肩的身體接觸。會面時互相擁抱，甚至親吻，這是一種禮節性表示友好的方式。

## 62 如何判斷鄰居喜不喜歡你

「遠親不如近鄰」這句話在現代社會好像不太管用了，反而是另一句「自掃門前雪，莫管他人瓦上霜」還來得貼切些。現代人除了對陌生人疏離冷漠之外，還有「畏鄰如虎」的封閉個性。

不過，話說同在一棟樓層中，也是人生際遇的一種緣分，如果能和睦相處，居住起來也必然會愉快一些。因此這道「如何判斷鄰居喜不喜歡你？」的話題，也可以反過來詰問自己「你是否喜歡你的鄰居？」

和鄰居友好，輕重拿捏要有一個「度」，否則也會為自己帶來不必要的困擾，但適度的「合宜相處」還是很可行的，怎麼做，您不妨試試。

一、大致了解鄰居的動向，像是早上幾點出門（上班、上課），晚上幾點回來，以及假日的作息是否有些不同……

二、早上要上班時遇到了，主動和對方打招呼「早安！」下班碰上了也可以說「回來了！」如果下次遇到了，對方也會主動問候你，那表示對你有好感了。

三、只要是同棟樓層，你在電梯內碰到他人進來，都可以客氣的問對方到幾樓，然後幫對方按樓層，這樣久而久之，只要和對方碰頭了，人家也會拋給你一枚微笑……

四、這樣認識了他們，以後有機會也可以和對方簡單地閒話家常。但要記住不要窺探對方的隱私，因為太熟了有時反而會變成一種負擔。

五、一般大樓頂樓都會有某些住戶在種植花草，也會有曬棉被、被單的架設，如果你在頂樓陽台碰到了一些人，雖不一定同樓層，但也是同棟大樓的住戶，所以也可以和他們聊聊天，以後碰上了，也不致於尷尬避開。

六、居住在大樓的屋子，因為有保全警衛，所以居住環境相對是比較安全，可是因為不是獨門獨院，所以也要注意不能吵到鄰居，像是小孩子的嬉鬧聲，或電視音響開得太大聲了，這都是不允許的。

總而言之，要有好鄰居，首先你就必須先成為別人的好鄰居，人都是相對的「以己度人、推己及人。」這樣你不但會有好環境，也會有好心境！

## 63 如何從口頭語判斷對方的心態

「口頭語」最能表現人的個性。或許有人反對這種說法，認為服飾、髮型最可以表現人的個性。不可否認，服飾、髮型是個性的表現，但這些外形的裝扮是善變的。人的語言特色卻不會改變。因此，注意分析一下某人的語言，不僅可以透視他的個性，甚至可以探知他的心理活動。

你的談話對象經常使用「果然」，他的根本目的在於強調自己的主張，希望引起你的注意。這種人通常以自我為中心，與經常使用「其實」的人，性格有點類似。

經常使用「我」的人，要嘛因為缺乏自信而心虛，要嘛地位很卑微，希望以強調「我」，讓你注意到「他」。

你告訴某人某事。他說：「我早就知道了！」意即：我是無所不知的，還要你告訴我嗎？這種人有著表現自己的強烈欲望。

有人告訴你一件事，反覆強調：「我說的是真的！」他這樣說，確是強調事實的真實性，但強調過多。所以，他說的未必是假的，但可信度要大打折扣。

經常使用「你應該……」、「你不可以……」之類用詞，表明此人具有很強烈的支配欲，喜歡支配別人，表現自己的權威。

在公眾場合講話時常用「這個……」、「那個……」，表明說話者的思維並不是很連貫，需要借助「這個……」、「那個……」的停頓調整思路；或者，當陳述某事時經常使用這兩個詞，表明他有可能在撒謊，企圖以此自圓其說。

幾個人閒聊時，某人好說：「確實如此！」這說明他對談論的事所知不多，沒有什麼高明的看法，只能做個應聲蟲。這種人相對上較為淺薄。

與人辯論時，對手好用「絕對」、「絕對是」之類的辭，說明他對自己的觀點深信不疑，主觀性很強，很武斷。

## 64 如何從講話習慣判斷對方的真實內在

在某些場合，說話時常常欲言又止，吞吞吐吐。這一刻，此人的心理密碼或真實動機已經外泄了。

在正式場合中發言或演講的人，一開始總是先清喉嚨者，很可能是為了掩飾自己的緊張或是不安。

說話時不斷清喉嚨，改變聲調的人，可能有某種焦慮情緒，不然就是在撒謊。有的人清嗓子，則是因為他對問題仍遲疑不決，需要繼續考慮。一般而言，有這種行為的男人比女人多，成人比兒童多。兒童緊張時，一般是結結巴巴，或吞吞吐吐地說「嗯」、「啊」。也有的人喜歡習慣性地反覆說：「老實說……」

故意清喉嚨，也可能表示一種不滿的情緒，意思是說：你再不聽話，我可要採取行動了。也或許是在提醒你：我在這兒，我來了。

口哨聲可能是一種瀟灑或處之泰然的表示。但有的人會以此虛張聲勢，掩飾內心的惴惴不安。

說話時支支吾吾，不斷東張西望的人，是心虛的表現。

聲音陰陽怪氣，非常刺耳，說明說話者心懷鬼胎，卑鄙乖張。有叛逆企圖的人說話時常帶幾分愧色，吞吞吐吐不能暢達。心境泰然自若、安之若素的人，言談自然清亮，有大將之風。喋喋不休的人必定內心浮躁；心中有疑慮的人說話總是模稜兩可；善良溫和的人話語通常不多。

說話時總是如小橋流水，平柔和緩，極富親和力的人，他的內心必然平靜。

## 65 如何從笑聲瞭解朋友對你的態度

笑是人與人之間交流感情、傳情達意常用的方式。笑的種類很豐富，不同的心情、不同的心態、不同的性格之人在同一場合，賦予笑的內涵也不一樣。

和朋友閒聊時，你講了一個笑話，把大家都逗樂了。這群人有男有女，都是些平時和你交情不錯的朋友。哈哈大笑的人比較開朗、豪邁，和你之間毫無芥蒂。這種笑，說明你們的關係很融洽、和諧，是很要好的朋友。

微笑的人比較內向、保守、害羞。如果是異性在你說話時微笑，說明他很欣賞你，甚至有點喜歡你了！

偷偷竊笑的人比較內斂，慧於內而斂於外。儘管他很樂，仍會努力地克制自己，不讓自己顯出得意忘形。

只會冷笑的人，很明顯，他對你不屑一顧，甚至鄙視你，但在面子上又不得不啊哈兩聲敷衍你。這是典型的「皮笑肉不笑」。

## 66 如何判斷對方沈默的背後

沈默是金。在交際活動中，我們有時會碰到一些沈默的人。其實，很多時候他們並不是因為性格內向才不說話，而是出於不同的心理需要。

你向一位同事探聽他知不知道公司最近要裁員的事。他保持沈默。那麼——

第一，他很可能知道這件事，但不想告訴你。他怕一旦告訴你，你會繼續向他探聽，讓他說也不是，不說也不是，徒惹一身麻煩。

第二，他根本不知道有這回事，但他認為自己應該知道，怕在你面前丟了面子，只好沈默，故作高深。

第三，他認為以沈默待你，可以從你這裡得到更多的資訊。由於他的沈默，你很可能認為他一無所知，就無所顧忌地大談特談，把你的個人意見、對某人某事的看法統統倒出來。最後，你沒從他那兒探出點什麼，反倒讓他「收穫」頗豐。

你和一群人聊得海闊天空，只有某個人保持沈默。可能是他對你們的話題毫無興趣，或是若有所思，正在考慮與話題無關的事。也可能他是在用沈默掩飾內心的空洞。反正他不說話，大家也不知道他肚子裡真的沒什麼墨水，反倒可能覺得他高深莫測。

沈默也有拒絕的意思。如果你向一個人提出要求，他不用言語正面拒絕，或許是給你留個面子，而用沈默來表示拒絕。

有時候，沈默比敷衍更讓人感到信任。有人問你，他身上的衣服好看嗎？與其違心地說「好看」，不如沈默。他自然會明白你是覺得不好看才沈默的。另外，你若想感化別人，對人有所觸動，也不妨在他自以為是地吹噓自己時保持沈默，只管做自己的事，時間久了，他自然會明白你的意思，也就不會在你面前神吹胡侃。

## 67 如何判斷對方說「隨便」的含意

和朋友吃飯時，你問他：「想吃什麼？」

「隨便。」他想都沒想。

「隨便？那好！夥計，就來盤隨便吧！」

結果，店家與朋友都樂得哈哈大笑。

你向朋友徵求意見，他說「隨便」，反映了他的五種心理。

一、他根本無所謂，壓根兒對你說的事沒什麼興趣。

二、他真的沒什麼主見，覺得自己難以做出有效的選擇，只好說怎麼都可以。

三、他反對這件事，但礙於你那麼有興致，不好駁你的面子，直接拒絕會傷了彼此的感情，於是用「隨便」這種索然無味的話來敷衍你。

四、他尊重你的意見，想讓你做決定，期待你親自「領導」他，又不好直接表達這種意思。他說「隨便」，決定權自然而然落到你手裡，他只須聽你的。

第五、表示客氣。他是賓，你是主，他不想喧賓奪主。

當然，總對別人的徵求說「隨便」，不太禮貌，顯得沒誠意又缺乏主見。總是說「隨便」，會讓人覺得你是一個嗜好、興趣、生活方式都很「沒有主見」的人，可能使你和朋友的話題無法繼續下去。另外，除非是好朋友（早就瞭解你的個性了）所以不介意，不然的話，說「隨便」的人，肯定是一個討厭鬼！

## 68 如何從話題洞悉對方的處境

你一定有三、五個人聚在一起閒聊的經驗。你們常聊的話題是什麼？常聊的話題會折射出一個人的性格，從話題中，可以窺見他們的心態。

喜歡談論他人的隱私並追根究柢的人，大多有強烈的支配欲。當他與人交談時，話題總是圍繞著別人打轉；就算是和自己沒有多大關係的人，他也喜歡評頭論足，說長道短。這種人缺乏知心朋友，心靈空虛、孤獨，只好用這種方式排遣寂寞。

話題總是離不開自己的人，常自我陶醉，有明顯的自戀傾向，屬於以自我為中心的類型。這種人太關心自己，深信這個世界只為他發光發亮，別人都是無足輕重的，無法與他匹配。

在談話中總發牢騷的人，大多有壓抑心理。從牢騷裡，可以發現他的心態。抱怨薪水太低的人，其實是不喜歡自己的工作，透過抱怨待遇很差，把不滿的情緒表達出來。貶低上級主管的人，大都滿心希望出人頭地，卻又力不從心。這種愛發牢騷成癖的人，除了心理壓抑和心存不滿之外，還懷有一種虛榮心。

總是把當年的「光輝史」抬出來的人，在現職的表現大多不理想，無法適應，所以喜歡在部屬、同事，特別是比自己資歷淺的人面前大談過去的風光史。嘴邊老掛著昔日的豐功偉業，回憶起過去總是洋洋得意，這種現象表明了這個人現在的工作能力無法在現有職位上取得成績，只好忘卻目前的失落，尋求精神勝利。

總是無視他人的談話內容，自說自話的人，其支配欲、表現欲都是一流的。談話時不斷變換話題，東拉西扯，說得雜亂無章，讓人摸不著邊際，這類人大多思維不集中，根本沒有邏輯思考能力。

總不提出自己的想法，只是附和別人或順著別人之話題的人，大多出於體貼別人，不做無謂的爭論。如果你和朋友交情相當深厚，他卻使用客套話與你相交，表示此人內心存有自卑感或者企圖隱藏自己的真實意圖。

故意使用粗話的人，其內心是想與對話者拉近心理距離，或是希望自己占優勢。

談話中經常使用「但是」或「不過」等連接詞者，表示此人邊說話邊在思考。經常使用「嗯……」「有點……」「這個……」「那個……」等用語的人，不能擔當大任，語言表達能力較差，說明他思考不充分，並且有些緊張、遲疑。

## 69 如何判斷和你打招呼的人

一般人在與人交往時，都難免重視外表的修飾、打扮。在人際關係中，「打招呼」可說是心理上的「打扮」，打招呼時給人的印象，會直接影響到他人對你的評判。透過觀察人們打招呼時的言談舉止，可以大致推測其當時的心理狀態。

見到熟人，邊走邊舉起手打招呼的人可能是上班快遲到了，他急於趕路，或是有重要的事等他處理。總之，他的心情很急躁。

心不在焉，甚至有些垂頭喪氣地與人打招呼，這類人要嘛心情極度低落，受到挫折，要嘛就是在思考問題，再不就是他有點討厭招呼的對象，之所以打招呼只是顧及起碼的禮貌。

打招呼時明眸善睞、神采飛揚，不用說，這小子肯定碰到什麼好事了！

打招呼時邊碰對方的肩或手，邊說「您好」，這種人很熱情，有著與人交往的強烈願望。他想套套交情，與你近乎點，以表現自己的熱情。

## 70 如何洞悉送禮人的目的

禮尚往來，禮品當然是主角。送的禮品不僅可以傳情達意，也可顯示品位。送禮送對了，較能輕易地辦成事。所以，送禮品的招式越來越講究了。禮物可透露出一個人的觀點。由此，你可以判斷送禮的人到底想找你做什麼。

以酒類為禮的人，多半是送給與生意有關的人，感謝其照顧，並希望對方以後更加關照他。當然，也有因為你好此道，就投你所好的。

贈人食品的人，針對的不是一對一的關係，而是顧及對方的家人。這種人希望藉著濃厚的關懷之情，獲得對方家人的喜愛。

衣物的話（包括配件），一般送給感情親密的人，表明與對方相依的意願。

贈人領帶、鞋子，有著想牽對方鼻子走的意思，贈禮者多半是支配欲強、專斷獨行的人，與人交往時，總強調自己的原則。若你身居要職，送你這種禮物的人很可能是想拉你下水，為他所用。

以各地的名產、只有在特定商店才買得到的商品，或是與興趣有關的貨品等作為贈禮的人，是希望受贈者理解自己的心意，並期望得到對方的感謝之辭或回禮。

## 71 如何從唱歌推斷朋友的處世情懷

卡拉OK、KTV已經是一種極為普通的娛樂方式。茶餘飯後、工作之餘，即興哼上一曲，別有一番情趣。

周末，你和同事有意去放鬆一下，於是就呼上七八個人，浩浩蕩蕩地前往KTV、或卡拉OK。你會發現，唱歌時，每個人的表現都有所不同。那麼，他們各有何種心態？

有些人來者不拒，別人要他唱他就唱，卻從來不練唱，即使唱得結結巴巴、節拍大亂，他也不在乎。他這是抱著一種「應付」、「湊合」的心態。

這種人幾乎做什麼事都不會很投入。唱歌時他抱著「應付」的心態：歌有唱就好，管他唱得好不好；上班時則抱著「打混」的心態：事情有做就好，管他做得好不好。

做什麼事都不投入的人，交朋友時自然也不可能很認真。除非別人主動跟他聯絡，否則他就像斷了線的風箏，輕飄飄地不知道飛到哪裡去了。

每次唱歌，有些人總會先找一大堆藉口，推說自己不會唱。譬如：「某某的歌唱得比我好多了，應該先請他來才對！」結果推來推去，好不容易「說動」他拿起麥克風，這下可不得了，他可以把齊奏的歌從第一首唱到最後一首，嘴裡還不斷地強調：「我今天喉嚨不舒服，唱得不好！」言下之意是：如果他不是身體有些「微恙」，包括天王劉德華、周杰倫等也不是他的對手？他的心裡其實很在乎別人對他的看法，想表現才華又想表示謙虛和低調，結果反倒讓人覺得是個虛偽的傢伙。

唱歌時只唱自己欣賞的歌手的歌，而且全神投入，旁若無人，這樣的人必然很執著又內向。他心裡無非是在想：我的歌，當然是在座之中的第一名！

不過，唱歌時他們百分之百掌握主動權，工作時可沒法這麼自主。任他再頑強、再堅持，依然得向現實妥協，要不然就會變成冥頑不化的死硬派。

唱歌時專挑那種難度頗高的歌曲，而且很注意自己的台風，從咬字、發音、臉部表情到肢體動作，都配合得完美無缺，每每一曲唱罷，臺下立刻響起如雷的掌聲，那麼，此人一定是一個很追求完美又喜歡挑戰的人。他喜歡強調自己的出眾品味，工作時也喜歡突顯自己的能力，希望每完成一件工作，都能獲得讚美聲，這就是他的虛榮心。

如果他是一個「義務幫別人點歌」的人，他會不厭其煩地頻頻問每個人：「你要唱什麼歌？」然後自動幫你輸入電腦，忙得不亦樂乎。他認為：娛樂嘛，何必那麼認真！大家高興，我奉陪就是。這種人甘願奉獻，雖真誠卻稍嫌有點消極。

有的人從不跟別人搶麥克風，只在別人不唱的「空檔」唱一首自己喜歡的歌，自得其樂一下。這樣的人多半不擅於表現自己，唱歌的時候默默旁聽，工作的時候默默耕耘。他們總是想：算了，算了！讓他們出風頭去吧！我只做個配角就行。他們雖腳踏實地，只可惜太過被動，萬一碰到大家唱興高昂，完全沒有讓他表現的「空檔」，那他就只好「乾坐」冷板凳到底了。那樣豈不是會失去很多樂趣？

## 72 如何從牌風推知對方的心態

打麻將，俗稱築長城。四個人，一夜之間就可重建「長城」無數次，領略一倒一建的「雄偉壯觀」。

鄰居、親友在假日時湊上一桌，是個不錯的休閒。牌桌雖小，但在一輸一贏間，人的心理狀態會暴露無遺。

有的人打牌總是舉棋不定，每打一張牌都要左思右想，想到頭髮快白了才肯出牌。為什麼如此「小心」？原因很簡單，就是「小氣」，生怕輸錢。這種人步步為營，處處小心，膽子又小，實在很難稱其為「大丈夫」。

有的人贏時喜形於色，或是大呼小叫，開懷哼兩句，看得其他三家恨不得把他殺得片甲不留。相反，萬一他輸了錢，常會遷怒於全場，看什麼都不順眼，一下嫌小孩子太吵，一下嫌音樂聲太大，一下嫌天氣太冷、太熱，一下嫌菸味熏死人……總之，不把每個人都罵得心煩氣燥，絕不會閉嘴。

這樣的人通常都只顧到自己的情緒，完全不管別人的感受，極端自私，百分之百以自我為中心。贏了是自己技藝高超，輸了則是別人和環境不夠配合。

他在談戀愛時奉行「三不」政策——不拒絕、不負責、不付錢。對他來說，所有愛上他的人都是「前世欠他的」，所以這輩子必須做牛做馬「報答」他。

有的牌友堅持「玩大」，不屑於贏小錢。這無非是好大喜功，滿是虛榮心，看不上那種一點一點的進步。同樣，做事的時候，他們也會堅持「要做就做大的」。可是，一屋不掃，又何以掃天下？沒有基礎而想一步登天——難啊！

至於喜歡胡小牌的人，完全相反。他們多半比較「實事求是」，他們的人生哲學是「有贏就好」，贏多贏少沒關係，最重要的是要安全和穩定。如此循規蹈矩，似乎少了一點樂趣。

在牌桌上，還有一種不動聲色的人。你很難從他的臉上看出他的心情起伏，自然不會受到他情緒的影響；相應地，你也無法從他的臉上看出他的底牌。

大家玩得正起勁時，他卻偏偏在這個節骨眼找個藉口，準備「逃離現場」，那一定是因為他今天手氣很背。

此外，當他發現「自己今天贏得差不多了」，更會想辦法讓自己的手機在「最適當」的時候突然響起。等他小聲回過電話，他會用充滿歉意的口吻宣布：「實在很對不起！家裡臨時有事，必須先走一步。」他才不是真的家裡有事呢，肯定是想見好就收。最穩當的人還是他！

## 73 如何判斷誰是你值得信賴的朋友

友情的基礎是互惠。商人之間，友情的基礎是利益上的互惠；摯友之間，友情的基礎是心靈上的互惠。

你因出事，需要一萬元，於是到五個朋友家中請求支援。他們都說了一句話，各不相同。你從他們的話中，最終即可判斷出誰才是你最值得信賴的朋友。

一個朋友說：「我很想幫你，但還得和我太太商量一下……」這個人一定不會借錢給你。他不想直接拒絕，只好請出一個後臺老闆——我太太。他很懂得拒絕的策略，讓你不失面子。不過，他和你的關係一定是很一般般。

另一個朋友說：「我不想因為金錢而破壞友誼，請不要見怪！」乍聽之下，他好像很無情。但他直率又誠懇，一語中的。他一定覺得你不一定有能力還，弄不好，對大家都不好。所以他不借錢也不傷友情，說明他更看重和你的交情。這種人具有決斷力，值得信賴。

第三個朋友說：「利息每月三分，行嗎？」從某個角度看貪得無厭。其實，他可能是故意提出「月息三分」的難題，拐彎抹角地拒絕（所謂「三分利」就是借一萬元，每月利息三百元）。

第四個朋友說：「我找人問問看！」別信他！這話是托辭，他顯然缺乏誠意。

最後一個朋友，可能直接說：「老實說，我沒法借給你！」這個人是真把你當朋友。朋友之間，金錢借貸一旦處理不慎，很容易造成對友情的傷害。你事後如期償還借款，也會在雙方的立場上產生優劣之分，難以在對等的關係上繼續交往。所以，他這麼做是顧全大局。

## 74 如何推知朋友能否借錢給你

真正的友情沒有欺騙，沒有敷衍，只有真誠和體諒。君子之交，平淡如水。有一天，你臨時缺錢，向朋友商借。由他的反應，你可推知他是否懂得體貼。如果他馬上翻皮夾，東找西找，問你要借多少，這種朋友可以說是個難得的患難之交。他很熱心助人，不過似乎有點衝動。或許因他信得過你，或許他本性如此。像他這樣熱心有餘，細心不足的人，很容易被騙。所以，奉勸你，如果你有這種朋友，跟他借錢之後，千萬不要賴帳。這種敦厚老實的好人不多了，何忍騙他！而且，一旦他對你的信用失去信心，很容易影響你們之間的關係。反之，如果你能誠心對待他，你們的友情將歷久彌堅。

他若雙手在胸前交叉，問道：「要多少？」那麼你最好察顏觀色一番。因為他心底可能一百個不願意。他的雙手不自覺地交叉於胸前，即表明他的潛意識中有拒絕之意。或許他有錢，不好意思不借你，但對你能不能還又很不放心。你看到這樣的肢體語言，最好找別人借，不然就多說幾句好話，或多許他一些好處，成功的機會可能比較大。

若他遲疑了一下，手摸著鼻子，說他沒帶錢，這說明他不打算借錢給你。講話時摸摸鼻子，或是嘴邊，這都是人在說謊時下意識的動作。

如果他面情似乎很為難，手背在後面，慢吞吞地問你要多少，很明顯，他是不肯對你坦誠相見。這種人最大的特點就是他從不說不經大腦轉三圈的話。從他嘴巴說出的話，都經過他詳加分析。他之所以會把雙手藏在背後，就是怕他的手不自覺地露出潛意識的訊息。問你要借多少？就表示他仔細評估之後，認為你還有放款的效益。

## 75 如何從等電梯看出一個人

在同一棟高樓上班的上班族，除了少數你熟悉的，大部分是你根本不認識。想瞭解他們其實不難。一旦有所瞭解，對以後的交友或辦事，有利而無害。

電梯這種現代化工具為我們節省了不少時間，提供了不少方便。你正等候著電梯。這時，你會保持什麼姿勢呢？日常生活中，隨意所表現的行為，會暴露真正的自己。不妨測試一下。

禁不住反覆數次按壓電梯鈕的人是說到做到的行動派。而且，一旦沈迷於某事，就會渾然忘我，還可能因過度熱衷而疏忽了周遭事物。

會往地上跺腳的人略帶神經質，感覺敏銳，能憑直覺，一眼洞穿某某人能否合作。這種人具有藝術才華，若才得其用，必能大放異彩。

抬頭看天花板或環視周圍廣告招牌的人知識豐富，心地善良。不過，與人相處時不願暴露自己的缺點，往往架上一道防線。因此，有時會被誤為冷淡寡情。

只是一味注視著地面的人似乎顯得有些消極。這樣的人很難真實地表白自己的心事。但是，他們非常坦率，很容易相信人、愛人，在人際關係上的糾紛較少，可發揮潤滑油的作用。

盯著樓層顯示燈的人非常小心謹慎，絕不會做冒險的事。即使有義理人情上的糾葛，也不插手不合道理的事。這樣的人絕不會為一時的感情所惑，總是條理分明地採取行動，因而深獲晚輩或部屬的信賴。但是，如果執意我行我素，會使旁人束手無策。

## 76 如何從一起搭電梯看一個人

你和同一樓裡的一個陌生人一起搭電梯。他會和你搭訕，還是面無表情地站在那兒？從他的舉動，你完全可以判斷他的為人。

在封閉的空間，會和人搭訕的人，個人的心理空間要比一般人大，對人的恐懼度比較小。因為他的私人心理空間比一般人大，或許整個電梯都是他的個人領域，所以他會覺得很舒坦，很有安全感，像在自己家裡一樣。因此，他會把你當作客人，自居為主人，自信心很足。

如果他微笑地看著你，不說話，只等你開口，那麼他的私人心理空間屬於正常的範圍，大概是身體周圍五十公分左右的區域。他不會擴展自己的心理空間。因此，你如果超出他的私人領域，他就不會去招惹你。在他的個人領域內，他會覺得很有信心。一旦超出這個範圍，他就會覺得力不能及，自信心減低。

如果他面無表情，只是盯著電梯樓層的顯示燈，那麼他的私人心理空間比較狹窄。不熟的人太接近他，超過他的安全距離，他就會感到不舒服。總之，他是一個自我防衛強烈而敏感的人，即使別人躲在角落，他也會覺得很不安，認為自己的安全受到威脅。所以他會擺出一副很嚴肅的姿態，拒人於千里之外。

若他雙手抱胸，眼睛盯著地板，則表明他的私人心理空間極端狹小。即使在公眾場所，他對自己也沒有信心，而且表現出很大的不安和恐懼，甚至有點自我封閉，他會雙手抱胸，流露出一副急於保護自己的下意識動作。他低頭，暗示了他不想和外界溝通。這是典型的自閉心態。

## 77 如何瞭解你的同事

在同一個公司中的同事雖然彼此認識，但不一定相知，更難以瞭解各自真實的內心世界。下面有一個辦法，可以測試一下你想瞭解的人，藉以探出其底細。

一天，你走在走廊裡，不小心和人撞個正著！你手裡抱著一堆文件「砰」地一聲落在地板上了。這時，他會怎麼做？

如果他立即喝道：「喂，要注意點！」那麼，他是「存心」把責任推給別人。把一切責任都推給他人的人非常不負責任。在旁人眼中，他必是個自私任性的人。

也許他會說：「哎呀，我正在想一件事呢！」他不會把責任留給自己，但也不敢推給他人。這種人很難暴露真心，因而常受誤解。不過，他的確缺了點人情味。

他可能馬上說：「抱歉，我沒注意到……！」這種人認為什麼事都錯在自己，所有責任都應由自己承擔。因過於善良，常會背上沈重的負擔。

若對方只是不卑不亢地說聲，「對不起！」然後與你一起撿拾文件，表明他很自信，也是個誠實的人。他遇事三思而行，很有擔當，不會自以為是。

## 78 如何從對待自己錯誤看出這個人

一個人在對待自己的錯誤時，態度如何？這會反映出他的某種心理。

如果他當眾道歉，說明他很在意別人的看法，希望自己的人際關係很圓融。

因此，一旦他犯了錯，他會以誠懇的態度尋求大家的諒解。他並不想突出個人的意志，標榜個人的風格。他的人際關係建立於一個團體的包容中，他想融入這個團體，不想成為英雄或上司。因此，他不會爭取個人形象，也不想掩飾自己的過錯。

可是，也有一種人是犯了錯卻死不承認，這樣的人個人意識非常強，對自己的期許非常高，希望在眾人的心目中建立良好的形象。為此，他會死不認錯。因為一旦承認，就表示他已徹底失去個人完美的形象。這是他絕不能接受的。也許他是有想晉升、更上層樓的領導欲的人，也許他是個很好面子的人，為了自己的面子，他不惜得罪眾人，就是不肯承認自己的缺點。殊不知如此一來，他的形象反倒更糟了。

每個人心中都有一個自我防衛系統，無論什麼時候都會用它保護自己，避免受到傷害。這個自我防衛系統的作用很多，其中之一就是將自己的作為合理化，以減低自己的罪惡感。他可能說，因為身體不舒服，不小心做錯了，或是被人誤導……他的人際關係非常薄弱。為此他會設法減輕自己的過失，以強化自己的能力。

他可能會把過錯全推給別人。他的自我防衛系統受了刺激，就會激烈反應。基本上，他是在保護自己。也許他所犯的錯後果太可怕，他承受不起。不過，他明明做錯了，竟把過錯推給別人，這必會造成大家的反感，把所有人都得罪了。

# 79 從定義的「對手」推知某人行事的風格

你認為對手的定義是什麼？當然，在此，對手不是指階級鬥爭或戰場上的敵人，而是在職場上彼此競爭的同事或是在一般人際關係中的對象。

某人覺得對手就是和他有利益衝突的人，那麼，他是一個現實主義者。平常沒事的時候，大家都是好朋友；一旦有了利益衝突，馬上就會翻臉不認人。他認為朋友之間是互相利用的關係，對手則大多本性惡劣，愛侵犯人。基本上，他嫉惡如仇。他認為自己很講正義、理性。相對地，和他個性相反的人就是他的對手。他這樣的觀念，可能會為他帶來很多對手。

他覺得和他個性不一樣的人就是潛在的對手。這說明他很注重個人意志。在人際關係中，他必然以自己為中心，定出友情的標準。因此，他很容易被有心人掌握。個性不合是很主觀的事，萬一有人挑撥離間，他很容易上當。這樣人反而很容易把真正的敵人留在身邊。

在同業間，或在職場上隨時隨地都在彼此競爭中生存。

雖然是對手，可卻能坦然面對，公平的競爭，做出最好的自己，這是最偉大的對手，有這種對手，是很幸福的，因為它會讓自己更優秀！

另外，也有一種人對待對手，一點氣度也沒有，凡是對手的一切都是給予否定的，這種人又自卑又自負，一輩子沒有真正的朋友，是孤獨終老的命運！

總之，對待對手要記住：「大度能容人，大氣能成事。」人生要與別人競爭，也要與自己競爭，因為你也是自己的「對手」！

## 80 從應付麻煩瞭解對方的個性

有人說：什麼都可以沒有，千萬不可沒錢。什麼都可以有，千萬不可有病。其實，生活中如果遇上麻煩，更令人頭疼。如果有人找麻煩，你會如何反應？

一、向對方賠罪，先息事寧人。這種人不是忍耐功夫好，就是沒膽量。不過，說不定這是一種迂迴戰術——「留得青山在，不怕沒柴燒。」再說——「君子報仇，三年不晚。」

二、據理必爭，甚至不惜動武。這種人很自信，但也很衝動，有點盲目。碰到問題，絕不能靠暴力解決，以免擴大爭端，使問題惡化。

三、拔腿就跑。這是潛意識中急於排除情境壓力所反應出來的行為。

四、降低姿態，向對方解釋，期以委屈求全的態度，達到息事寧人的目的。這種人很理性。但這是示弱的表現，表明他缺少自信。

## 81 從吸菸判斷對方的心態

雖然現在是一個鼓勵「戒菸」的時代，也是一個凡是公共場合都屬於「禁菸」的地帶。不過，還是有「漏網之魚」，不顧健康，反正又不犯法，依然我行我素……

飯後一支菸，賽過活神仙。瞧他吞雲吐霧的銷魂樣，以為自己就是天王老子似的。其實，抽菸者的心情、性格，會決定其抽菸時的姿勢與神態。

用菸斗抽菸的人比較穩重、沈著，有泰山崩於前而巋然不動的良好心理素質。他們總是慢條斯理地反覆往菸斗裡裝菸絲。

抽雪茄者強悍豪放，而且愛炫示，喜歡表現得與眾不同。

有人向你敬名貴的香菸時，可能表示他很重視你，也可能是他很富有，平時都是抽這種菸。但還有一種情況：這人很虛榮，打腫臉充胖子，沒錢也硬撐著。

抽菸時吐煙圈，說明此時抽菸者心裡很得意，而且優越感十足。煙圈其實就是炫耀的表示——但也有只是單純覺得好玩。

瞇著眼抽菸的人是不折不扣的癮君子。這種人一般自制力較差。

菸灰很長也不彈的人一定是在思考問題，抽菸只不過是一種下意識的動作。抽完了猛然扔掉菸蒂並用腳狠狠踩一下的人，是經過思考後痛下決心：就這麼著，管他呢！大口大口抽菸的人不是在過菸癮，就是心情很激動——這種激動絕不是因為高興，而是因為憤怒、不滿。他藉大口抽菸發洩情緒，並企圖掩飾自己的感情。

明明有菸卻不掏出來，等著別人掏菸的人，其小氣勁兒，堪稱一絕。

吸菸的女性，其自主意識較強。她是在向人表明自己特立獨行，與眾不同。

## 82 從就餐坐法推斷兩人的親密度

你和你的朋友一起吃飯。在長方形的桌子旁，椅子放到哪個位置都可以。從你們兩人所坐的位置，可以判斷你們之間的親密程度。

如果你們各據一個角落相鄰而坐，說明你們都喜歡很努力地聆聽對方之所言，也想努力讓對方明白自己之所言。兩人之間的關係相當密切，非普通朋友能比。

正面相對而坐，則表明你們期望彼此坦誠相見。但也有些對立的意味。

孩子們一起坐時，常會採取並排鄰坐的坐法。如果你們也喜歡這麼坐，不是童心未泯，就是你們心情很好。和朋友相鄰而坐的人比較倚重朋友。弄得不好，就會整天黏住朋友，不論是上廁所或吃飯都要在一塊。這種人實在有必要脫掉孩子氣，成為一個真正的大人。

在坐法當中，相距最遠的是呈對角線位置而坐。懂得保持此種距離的人，大多非常成熟。乍看之下，此種人很冷淡，其實他們一定已建立了信賴關係。如果你選擇了這種位置，就說明你是可信賴的，做任何事都不會勉強去做，能與人溝通。

## 83 從字跡推斷對方的心理

「文如其人」、「字如其人」，這些推斷有一定的道理。通常情況下，字寫得較大的人，其行動欲較強；字寫得小的人，自控能力較強；字寫得飄逸且不拘一格的人，行事較灑脫……字是人之性格的體現。同一種字體，字跡會透露出人寫字時的心態。

朋友久未聯繫，突然，你收到他的一封信。

信中提到高興的事時，字跡顯得比較歡快，字形似乎要飛起來。

朋友有困難、心情不好時，其字跡就很乾癟，缺少生機，就像霜打茄子似的。

心情波瀾不驚，他的字跡便一如既往，變化很小。

——這些都反映出他寫信時的心態。

字跡飄灑，一氣呵成，表明寫信者心情激動，想用連貫的書寫發洩情緒。

字跡歪歪斜斜，內容枯燥無味，說明寫信者心情沮喪，情緒低落。

字跡較平常工整有序，說明寫信者很審慎，似乎考慮很多，生怕寫錯一個字。

字跡潦草，幾乎不可辨認，說明寫字者很憤怒、激動，以至於控制不住……

## 84 從名片來判斷對方的心態

可以說，在現代社會中，名片是一個人的「第二張臉」，其身分與地位的證明。而且，名片已成為人們生活中不可或缺的一部分，從某種程度上說，是他人認識自己的一個視窗。

在交換名片時，可以透視一個人的心態。

在遞出名片時，大聲說自己是某某，很顯然，這是一種強調，希望引起對方的注意，讓對方早點記住自己的名字。

對方接名片時使用雙手，表示他對你印象頗佳，很敬重你。

以「名片用完了」或「暫時沒有名片」為藉口搪塞的人，要嘛行事比較隨意，要嘛為人缺乏冷靜。不過，也有屬於較自負型的人！

有的人見人就馬上遞出名片，說明這人有著十分強烈的表現欲，喜歡把自己擺在一個相當顯眼的位置上。很大的程度上，他把自己的名片當成宣傳單使用。

經常有意無意地在人前掏出一大堆名片，這是炫耀心理在作祟。這人掏名片的目的非常清楚，他是在誇耀和顯擺自己，希望他人能夠對他另眼相看。

# 85 如何判斷孩子是否撒了謊

一天，你的孩子渾身髒兮兮、鼻子流著血，踉踉蹌蹌地回到家。你急忙問他怎麼了。他摸著耳朵，低著頭說，跟同學在河邊玩，摔到河裡去了。你一眼就看出他在撒謊。

孩子的心理不像大人那麼複雜，所以他們的謊言極易識破。

小孩子說話時以手或拳掩口，就可能表示他正在說謊，不然就是想隱瞞什麼。

摸鼻子是一種由掩嘴巴轉化而來，比較世故的掩飾動作。有的是輕輕地在鼻子下方擦幾下，也有的是用幾乎看不見的細微動作，很快地觸摸了，表明他心裡不自在、不安、緊張。

揉眼睛是用來阻擋眼前的欺詐、懷疑和謊言，或是向某人說謊時避免注視對方的臉。男孩常常會用力揉眼睛。假如他撒了個彌天大謊，他會把視線轉向別處，通常是望著地面。女孩則多半在眼瞼下方輕輕摸一下。

食指搔搔耳垂下邊的頸部，也代表說話者正在說謊。有人對這種姿勢做觀察後發現，說謊的人搔頸的次數很少低於五次。當然，有時這種姿勢也是懷疑或不能肯定的信號，表示那人正在想著：我不能確定我說的是不是真實情況。這說明，對於某件事，他也是道聽塗說，沒有確實的證據，但不是故意撒謊。

摸耳朵也是小孩子撒謊時常做的動作。除了摸耳朵之外，也有的孩子會揉耳背、拉耳垂或把整隻耳朵拗向前面掩住耳孔。之所以這樣做，一是下意識地為了掩飾緊張，二是自己或許也怕聽到自己的謊言。

總之，這些動作無非就是心口不一，怕人發現，掩飾緊張的表現。

## 86 如何判斷學生是否在作弊

作弊是在學校考試中非常普遍的現象。儘管它是一種不誠實的行為，卻因為重視不夠，讓人誤以為它沒什麼大不了。

你在一次考試中負責監考。聽說這裡考試作弊的壞風氣很盛行，你決心非抓幾個典型滅滅他們的「士氣」不可。學生們的那些小動作怎會逃過你的火眼金睛？

考生用手搔頭髮、摳指甲或挖鼻孔。當心，他一定是在醞釀作弊行動。這表明他正竭力壓抑內心想偷看答案的欲求，所以一面掩飾自己，一面在無意中表現出緊張時的小動作。當然，說不定他是在思考問題。

考生不停地抖動雙腿。這表示他的試卷已做完，或是留下一片空白。一般而言，這種人不會作弊，對分數看得很開。

考生，一般為女孩，好像心無城府，「無辜」地盯著你，就算你和她對視，她也毫不迴避。她的雙手肯定在桌子底下動來動去翻紙條，不然就是正暗自和「左鄰右舍」、「前兄後弟」聯繫「互相幫助」。女孩兒想隱藏內心的恐慌和祕密時反倒會「勇敢」地注視你。這是一種迷霧戰術。

如果是男孩，他作弊時，眼神會下意識地迴避，或者在你臉上繞來繞去，卻始終不和你對視；萬一對視了，也會馬上就閃開。此時他一定是想隱瞞什麼，心裡發虛。

考生的腿不斷交叉，解開，說明他內心很不隱定，不是想作弊，就是有題目讓他十分為難。如果他不斷搖晃手中的筆，也表明他很緊張，不是因為快打鈴了，題還沒有做完，就是有作弊的傾向。

有的考生作弊前非常注意監考老師的動向，雖不正視，卻總是用餘光掃來掃去，假裝無聊地東望西望，其實他的雙手早已在桌下暗自活動。

如果考生從未抬起過頭，得分兩種情況：一是他滿腦子都是考試，一直答題，沈浸其中，無暇抬頭；二是他心虛不敢抬頭，答案很可能就被他夾在試卷裡或壓在試卷底下，他一直緊張地找，緊張地抄，不敢讓人看到他的臉色。

考生好像把什麼東西掉到地上了，低下頭，這兒看看、那兒看看。可別以為他真把什麼弄掉了。他這不過是透過找東西的動作，掩飾內心的緊張。或許他剛剛作弊成功，也或許他正在尋覓可以幫助他的人。

## 87 如何判斷學生是否在認真聽講

你可能是一個剛剛登上講臺的年輕教師，對於揣摩孩子的心理，你的經驗太少了。你怎麼判斷面前規規矩矩的孩子是否正認真地聽你講課？

你的學生塌下雙肩，攤開雙腳，搔著頭皮，做出許多無意識的動作。那麼，他肯定被面前的問題吸引住了。是不是你的講解讓他不太明白呢？

你的學生正目不轉睛地注視著你，身體僵硬而直立。除此之外，你看不出他有其它動作。這時，你若認為他對你的課興趣強烈，那可就錯了。孩子們經常施出瞞天過海的技巧，讓你相信他正在洗耳恭聽。其實，一個注意力集中的孩子絕不會身體僵直。他肯定是對你有所警惕，才如此緊張地盯著你。

你的學生坐在椅子邊緣，身體前傾，而且頭微微傾斜，用一隻手撐著。你可以做出判斷：這孩子對課堂內容非常有興趣。用手支在臉頰上，有時稍微眨眨眼睛，一定也是正沈浸於某種思考之中。一般孩子如果坐在階梯上，採取這種姿態，看著樓下的大人，一定覺得如同看卡通片般好玩。

孩子昂著頭，鼻孔朝天地看著你。這反映出他心中對你存在某種不滿情緒；也可能因為他非常驕傲，拒絕與你交心，或拒絕執行你對他提出的要求。

孩子悶悶不樂地咬著手指。這說明他受了委屈或覺得無聊。你應該特予重視並大加鼓勵，以恢復他的自信心。

## 88 購物砍價時如何掌握老闆的心態

雖說現在百分之九十以上的商店都是「明碼標價」，不須討價還價，中意你就買，不中意你可以掉頭就走，沒人會說你一句。可實際上還是有些地方會出現斤斤計較的情形……

買東西砍價也是一門學問，老闆和顧客鬥智鬥勇的精彩表演，真是讓人歎為觀止。既然是一場語言較量，必然在語言背後藏有一些微妙的心理動機。

假日上街購物，琳琅滿目的商品令你眼花撩亂。就在這萬花叢中，你看中了一件蕾絲長裙。可太貴了！但你實在喜歡。所以，你準備使出渾身解數和老闆周旋！

如果顧客一聽價就說「太貴了，」這顯然是在向老闆暗示：能不能便宜點兒？老闆一般不會輕易降價：「不貴啦！這衣服質量多好啊！」這句話的重要性不在於內容而在於它的存在可以讓殺價的進度慢一拍，讓雙方在心理上都有個緩衝。

接下來，雙方就開始真正的心理較量。老闆可能說：「您殺的價連成本都不夠！」這實際上是想讓你自覺得砍價功夫一流，占了個大便宜，到此為止可以了。老闆卻可能在心裡暗罵你是個笨蛋，五十塊錢的東西偏偏要花二百元買？

老闆說：「這真的沒辦法，這個價錢差太多了……」你大可不必理睬，往前走就是了，他不賣，總有別人賣。更重要的是，只要老闆的眉頭沒皺在一塊兒，就說明他沒有真的洩氣，不出十步，他又會在後面叫你：「那位先生，再加點兒吧！」當然，他並不是真的叫你加錢，而是已經打算按你說的價賣給你。

你說了一個價，老闆立即皺起眉毛，那一定是一種偽裝，讓你覺得自己出的價實在委屈了他。一般情況下，顧客出的價只會影響他的欣喜程度，而不至於讓他

「跳樓」、「賣血」。他若做出吃了大虧的表情，很可能恰恰撿了個大便宜。

你出了價，他猶豫片刻便成交，說明他已有足夠的賺頭，而你成了冤大頭。成交之後，老闆說：「唉呀！從來沒賣過這麼低價！」這也許有點真實成分在裡面，但更可能是他想讓你充滿成就感，交個人情，下次還到他這兒買。

老闆可能還會向你苦苦地倒酸水，說他從早忙到晚，飯也吃不上，貨得從大老遠運過來，他把貨包裝好，打好包，來來回回運費不少還特別辛苦等等。你儘管靜靜地聽。他不過是想讓你多加點錢，其實他心裡早已和你成交。否則喋喋不休，和你說一堆，豈不浪費精力和時間？聽過之後，你該給多少就給多少，保證OK。

其實，有些人砍價並不見得要殺多少或殺得片甲不留，他們只是把砍價當成購物的樂趣，算是一種花錢的附加價值吧！

## 89 如何從對方的小動作推斷他的心思

下意識的小動作，最能夠反映出人的真實心理。在交際中，你若能領會這些小動作，必能成為一個洞悉他人心理的專家。

如果你看到哪個人常常會有不自覺地下意識咬手指甲的習慣，就可以判斷他可能極好幻想，常做白日夢。

你可以從一個女人的走路姿態，判斷出她是否愛慕虛榮。如果她每走一步，屁股便會大幅扭動，或當她舒舒服服地往沙發上一坐，總把腳跟重重地踏一下，那答案就是肯定的，因為這種動作的目的就是要吸引異性的注意。為什麼電影、電視中那些妖嬈的女人無一例外，都愛扭屁股呢？那是因為她們都同樣有一顆想征服男人的心。

握拳時拇指壓在其它四指下面的人，其心理很脆弱。他的依賴性很重，很需要別人的保護。這種拳頭又被稱作「嬰兒拳」，因為每個初生的嬰兒都這樣握拳。據研究，當病人瀕於死亡，或意識昏迷，在生命線上掙扎時，他的手便會恢復嬰兒時的狀態。

用手指捲頭髮這種動作大部分發生在女人身上。當她們感到無所適從或遇到困難時，便會做出這樣的動作。這表現出她們內心的無助與失望。

耍弄拇指，是積極情緒的表現。人沈浸在愉快的回憶中，常會慢慢地旋轉拇指；計劃將來的時候，則會迅速地旋轉拇指，表現出興奮和活力。

和朋友交往，注意他的手部動作。如果他說「是」時，手部做平面運動，你就可以斷定他的本意是在說「否」。他的手做垂直方向的運動，你就可以斷定他是心口如一的人，值得你深交。

你的女友會不會經常揉眼角？當一個女人不斷地撫摩頸部、下額或揉展眼邊的魚尾紋時，其實她是在害怕自己的年齡正一點一點地增大。

一個法官若相信被告有罪，他會靜坐而神色凝重。若他相信被告無辜，他就會摘下眼鏡，捏捏鼻梁，有時候還會閉上眼睛幾分鐘。這種姿勢表示他的內心正在鬥爭著、矛盾著，考慮應該如何判定被告的罪狀。

## 90 如何判斷車上乘客的動機

身為上班族，可能每天都要擠公車、捷運或搭火車。你可以觀察一下周圍的人，他們不同的小動作，會洩漏出他們各種不同的心理，看起來很有趣。

若你恰好站在一位長髮披肩的漂亮美眉身後，她不停地撩著頭髮，這表明她是在抗議你靠她太近了，即使你沒有碰到她，她也會擔心你會因為車廂搖晃而不經易地「侵犯」到她！

一位女士剛坐到座位上就蹺起二郎腿，眼睛直瞟著窗外。這表她對自己的容貌或身材有足夠的自信，認為自己一上車就會吸引不少視線。與其讓這些目光看得不自在，倒不如看看窗外，讓那些人盡情欣賞。

某人一上車就視線朝下，左瞅右瞅，眼神飄來飄去，而且哪兒人多就往哪兒擠，還做出一副自己也快被擠成紙片的樣子，那麼他一定是小偷，必須注意防範。

一個老頭兒或老太太上車了，明明車門那兒人少空間大卻不站，非要往人多的地方擠。他一定是想找個年輕人，讓人給他讓座。

某人上了車，有座位也不坐，那他不是路程不遠，讓人為先，就是自戀狂，喜歡一個人站在車廂中，供大家「瞻仰」。他可能自認為相貌氣質出眾，或者具有與眾不同的個性，不願與凡夫俗子擠坐在一起，所以故意「鶴立雞群」，充分顯示他的優越。

某人喜歡站在車門附近。他是怕一會兒下車時不方便，不然就是下一站就要下車；或者他正等著人多時「揩油」、「順手牽羊」，跑時方便。

某人一上車，見前面座位滿了，他就立刻補坐下一個座位，很懂得按順序排列，說明他有按部就班的心理。選擇靠窗座位的人是希望周圍領域不受侵犯；偏偏喜歡坐四個連排並列的座位，表示此人對自己的安全領域並不在乎；上了車不假思索，哪兒近就坐哪兒的人防範意識較弱，性情不拘小節。

一對男女上了車，男的讓女的站在自己前方，自己用身體或胳膊護住她。顯然，他們是情侶。如果他們並列站立，身距一拳以上，或者人多擁擠時很快被隔開，他們就紙是一般朋友、不是情侶。

坐下時雙手抱胸，說明這人路程較遠，暫時不會離座。身體微微前傾，雙手分放臀部兩側，則說明此人不準備久坐。

# 第三章

# 掌握職場上的行為語言密碼

有一位資深經理人在進行面試時，常常短短幾分鐘內就看出應徵者的能力。從某些角度而言，身體的姿態、整體儀態正代表一個人的能力，會傳出他是否「勝任」的工作態度，並表現出一定程度的能量和主動性。在職場交際中，我們也要善於透過這些暴露於外的現象，看到他人的內心世界。

# 91 如何識別對方假象背後的目的

看起來好的行為，有時候深究起來，其實只是一種表面現象，它往往反映出某種不夠健康的心態。比如某人經常答應幫忙，今天說我會送你一件運動T恤，明天說你生日時，我一定買蛋糕送去等等，看似熱情，助人為樂，不把別人當外人。可是，待你被他的熱情打動了，你等啊等，等到花兒都謝了，他也沒現個人影。最後他只抱歉地說，他忘了。他這樣到處承諾，是想讓人家以為他人緣好、有本事、會辦事。可他太不自量力，事情往往被他辦砸；就算沒辦砸，至少也累個半死！

有些人會擺出毅然決然的表情，狠狠地說：「事在人為！」或「這事其實很簡單！」讓人覺得他很有能力、聰明過人，進而崇拜不已。可最終你看見他辦成什麼事了嗎？沒有！他其實只是因為虛榮，忍不住炫耀自己。

你的上司可能雷厲風行，處理事情來總愛大聲吆喝，看起來似乎明察秋毫。其實，他內裡很虛弱。他明明沒有多少能力，卻怕在屬下前露餡，於是色厲內荏，企圖用外在的上司架子掩蓋內心的虛弱。真正有實力的上司是不以聲音嚇唬人的。

有的人可能心存善意，見你生活困難，施捨你一點舊衣物，見有人買不起火車票，就掏錢幫他買，平時誰有點小病小災，都要噓寒問暖，給點小恩小惠。這樣的人其實是不夠自信的，而且地位卑微。他是透過同情弱者，在他們面前表現得很強大，以寬慰自己受到壓抑的心靈。

在家裡吃飯，某些長輩為了表示關心，總愛把菜夾到我們碗裡。和朋友吃飯，某些人為了表示客氣，也可能把菜給我們夾上。這種行為看似熱心，其實根本忽略了對方的心理感受，完全是把自己凌駕於別人的自尊之上，是釋放自身之優越感的舉動。

有的人很聽話，上司發派的任務，他一絲不苟地去完成；每走一步，都詳細地向上司彙報。別人一挑他的毛病，他馬上拼了命去改正；平時加班，一句怨言也沒有。乍看之下，這種人兢兢業業，彷彿天生為工作而生。但仔細一想，他根本是因為害怕別人的評價，完全是為別人而活，為了取悅別人而不惜犧牲自己的性格。

有些人很灑脫，「讓別人說去吧！」是他的口頭禪。他不在乎別人的看法，甚至有時就愛獨來獨往。結果人人都覺得他神祕、有個性。但實際上，「讓別人說去吧！」這話是講給自己聽的，表明他想藉此掩飾內心深處的憤怒、憎惡、反感等情緒。他總是如此抑制自己的情緒，客觀上便阻礙了與別人的交流，造成了隔閡。

## 92 如何判斷打電話者的心理活動

電話（包括個人手機）在生活中占有舉足輕重的地位。很難想像，若沒有電話，這個世界會是什麼樣子。人越來越依賴電話，於是，電話也成了解讀、分析使用人之心理的一項新工具。

身為老闆，你一定要注意職員打電話時的狀態。不同的人在不同的情況下，面對不同的對象，打電話時的姿勢、神情也不一樣，他們的反應可謂多種多樣、多姿多彩。

有人穩穩地握住聽筒，談話時的姿勢會自然地向前傾，帶著笑容或顯出悲傷的表情。這些肢體動作會令人以為通話的對方似乎就在眼前，他與對方很親密。打電話時，深深地鞠躬或不停地點頭，在旁人眼中，顯得相當滑稽。然而，這是以真心和對方交談時深層心理的表露。

在公共場合，也能態度從容地打電話，那麼交談的對象多半是同性朋友或家人等並不需要顧慮禮儀的人。

男性打電話時，或撥弄領口，或用手梳理頭髮，而且非常在意自己的姿勢，那麼他一定正和心儀的異性交談。若是女性，彷彿面對鏡子化妝一樣，臉孔的表情變得認真，那麼話筒的「那一端」一定是她喜歡的男子。

做出這些行為，是希望以優秀的表現博得對方的歡心，在表情和動作上無意間流露了。當然，如果男女雙方的關係很親密，這種緊張感即會迅速消失。

通話中胡亂塗寫或在手上玩弄鉛筆、電話線，多半是因為對談話的內容不感興趣，或腦中思考著其它事。

身邊有椅子，卻站著談話，一定是有緊急的事或不願多談，渴望早點掛斷電話。如果對對方心存好感或渴望深入交談，多半會坐下來談話。另外，對談話內容毫不關心時，拿聽筒的手也會變得鬆弛無力。

講到一半，中途突然不再搖晃椅子或端正原本散漫的姿勢，乃是在交談中突然出現了「很重要」的話題了。

原本站立的人突然坐到椅子上，是對所談的話題開始產生興趣。反之，原本坐著的傢伙，卻突然站了起來，是迫切地想知道對方談話的結論，或想反駁對方或向對方明確地傳達自己的意見。

將手搭在桌子或胡亂摸索桌上的東西，是不知如何回應時常見的動作。

# 93 如何判斷對方聽你講話時的心態

上司開會，需要下屬的傾聽；朋友失意，需要知己的傾聽。在交際中，傾聽是一門學問。會傾聽的人一定是個會交際的人。

身為上司，每周的例會都由你主持。你頭疼的是，你的部下從不規規矩矩地聽你講話，總有一些小動作。那麼，你怎樣才能透過這些小動作，識破他們的心思？

如果下屬聳肩或聳肩加搖頭，前者表示他對你的話不敢苟同，連續做後面的動作，表示他不喜歡你話題，甚至有些鄙視你。

下屬坐著，上身向後或向左右微傾，表示他心理上很放鬆，對你的話很感興趣。若傾斜較大，則說明他對你的講話感到厭煩。

他坐著時身體板直，面部冗肉僵硬，或者上身緊靠椅背而坐，表示他正處於緊張狀態，而且小心翼翼，生怕被你看出他對你有什麼不敬。

若他用手在桌上叩擊出單調的節奏，或是用筆桿敲打桌面，同時腳跟在地板上打拍子，或抖動腳，或用腳尖輕拍，不斷地嗒嗒作響，這是在告訴你，他已經對你所講的話感到厭煩了。

有的人聽著聽著，會慢慢地手扶著頭，視線朝下。這也是不耐煩的表現。

更有甚者，他順手拿過一張紙，在紙上亂塗亂畫。這也是對你的講話缺乏興趣的表現。這種情況經常在枯燥的課堂上發生。

有的人也許會凝視著你，但你可千萬別上當。他不一定是在認真地聽你講話。你細觀察，你會發現他目光空洞，對你視而不見，眼神木然無神，眼皮幾乎眨都不眨，似乎在睜著眼睛睡覺。這表明他已經恍恍惚惚，心不在焉了。

## 94 如何從說話應對看下屬能否完成任務

公司有一項頗有難度的任務需要完成。公司上層在與幾個人談話後，最終確定了合適的人選。公司怎樣確定最後的人選呢？

一聽說有了任務，A、B、C、D四人有不同的反應。

A說：要完成這個任務很困難，幾乎不可能！公司能不能考慮一下我的實際情形？很顯然，這是示弱，缺乏自信的表現。先表明自己的弱點，希望高層能手下留情。你這種未上陣就打退堂鼓的員工，肯定完不成這項任務。

B說：這麼困難的任務，可不可以讓我考慮一下？這也是在逃避。他認定自己能力有限，無法完成任務，只好拖延。由此可見，他也不太可能完成任務。

C說：這任務太困難了，真不知它是怎麼訂出來的！顯而易見，C和A一樣，被困難嚇住了！

D說：我會努力完成，但任務困難，我想應該……才行！毫無疑問，D是最佳人選，因為他在困難面前不僅不退縮，對困難也有客觀的認識，並加上了條件。這說明他有能力、有信心去完成這項任務。

## 95 如何判斷某人說「我不行」時的真實目的

身為公司老闆，你想把一個部門經理的位子交給一個能幹的部屬去做。可是你一找他談，他居然說：「我不行！」他為什麼這麼說？

說「我不行」，暴露了他的幾種心態：如果他的的確確是個老實人，那麼這表明他很明智，覺得自己的工作能力還沒有達到做部門經理的標準，希望踏踏實實地繼續做職員。當然，謙虛並不表明他不想升職，只是表示一下這種態度。

這也可能是一種缺乏自信的心理表現。謙虛與自卑的界限，有時很難劃分。總說「我不行」，必然是對自己的能力很感懷疑，是一種自我貶損，一種自嘲。

某些人說「我不行」，可能是變相地表達不滿。這樣的人接下來肯定會從周圍環境到各項規章制度，都言語刻薄地大肆批評一番，滿腹牢騷，彷彿自己是個生不逢時的大才子，一旦客觀條件改變，他就會變得「不同」。這類人是典型的眼高手低，不切實際，也可能太高估自己了。

「我不行」，也可能是真正有才華的人拒絕任務，準備跳槽的先兆。他這是以退為進的策略。

## 96 如何判斷員工是否想跳槽

有的人說謊可是「明目張膽」，有的人則是「遮遮掩掩」。掩飾得好，的確可以讓心思密不透風。但掩飾的態度絕非無懈可擊。只要透過一些蛛絲馬跡，洞察人心並非難如登天。

你公司的運營狀況最近陷入了低谷，整個公司人心渙散，似乎搖搖欲墜。此時你擔心幾個重要的部門經理會逃離。於是你分別找他們談話，探探口風。

如果他說：「放心，老闆，我覺得咱們公司沒問題！」很顯然，不是他真的樂觀，就是他已經有了新的出路，對公司的存亡根本不在乎，不覺得自己有什麼責任，因此口氣很輕鬆。一旦你的公司倒閉，最先拍屁股走人的肯定是他。

若是他說：「老闆，不如我們先像ＯＫ公司那樣……」這人也很危險。他不一定已經決定跳槽，但肯定已經有其它公司和他接觸。即使他並未說出「ＯＫ公司」這樣露骨的話，而說「據我所知，在這種情況下應該……」也千萬別以為他在向你誠懇地出謀劃策，其實他的潛臺詞是：「建議我已經提過，剩下的事我就無能為力了……」他的跳槽幾乎是肯定的。

如果他說：「老闆，咱們的……都不行！」那麼，就算他平時並不是那種直言快語的人，這就代表著他對公司已徹底失望，就算他暫不跳槽，也不會認真工作。

除此之外，已有跳槽願望的員工還有可能透過一些隱約的舉止洩漏內心的祕密。例如他最近請假次數多了，總是推掉一些老闆交付的工作任務，打電話時有意迴避同事，開會時減少發言，對老闆的話也總是點頭稱是……等等。

如果他說：「老闆，您看我們是不是先這樣……我們是不是……」然後一句一個「我們」，這樣的員工就非常有責任感。他首先把自己定位在集體之中，透露出一種「匹夫有責」的心理狀態。他可能也會抱怨，但絕不致因一時的不滿而跳槽，而會積極地尋求解決的辦法。

## 97 如何判斷老闆是否中意你

如今公司組織遍地開花，產生老闆無數。對員工來說，老闆掌握了他們的「生殺大權」。老闆的一句話，有時聽似尋常，其實又往往另有玄機。

設若公司剛剛過了兩個月的試用期，那麼，老闆到底喜不喜歡你呢？這直接關係到你能否繼續留在公司以及待遇的問題。於是，你只好托關係還不錯的同事旁敲側擊地去問問。然而，言語吝嗇的老闆只說了一句話。

如果老闆說：「不錯，不錯！」這得分兩種情況。若是他笑嘻嘻地連連點頭，那就表示他心裡的確很賞識你，「不錯，不錯」是他的真心話，把你留在公司已成定局。若是他幾乎頭也不抬，若有所思地說，那一定是在敷衍。他對你的印象可能不太好，雖不想當面直說但心裡卻有數；也可能對你印象真的不錯，但不願提前說出來。

老闆可能說：「太好了！」那麼，你千萬不要得意，他的意思不是說你真的很出色，而是一種敷衍。也許是你的工作原則性不強，對客戶百依百順；也許是你對老闆太俯首帖耳，必恭必敬；也許你太善於周旋，很快就成了辦公室裡的風雲人物。總之，如果你的工作真正幹得好，老闆絕對不會做如此評價的。

他還可能說：「我挺喜歡這個年輕人！」那麼，毫不意外，不久你將成為他的得力助手。因為這句話幾乎不加掩飾地透露了他對你的喜愛和讚賞，表明他認為你大有前途，有意培養你成為他公司裡最出色的員工之一。

或許他會說：「還行！」不要以為他對你的評價不過是剛及格，其實這句話暴露了他對你繼續留在公司的肯定，而且這種評價並不低，顯示出他對你的潛力和創告美好前途的希望。總之，他相當喜歡你。

他若說：「看看吧！」這種看似「有戲」的話其實潛臺詞是「沒戲」。他不可能把你的簡歷和業績表拿回來再看看。關於你的表現，他已經在心裡打好了分數，對你的留和不留也早已做了決定。除非你在試用期的最後一個月改變他對你的印象，否則，準備捲鋪蓋走人吧！

## 98 如何從談話內容推知老闆的意向

在事情發生變化前，往往會顯露出一些徵兆。聰明的人就善於把握這一點，從而早做準備，以免措手不及。

你的老闆正準備把業務擴展到外地，預定在別處開一家分公司。分公司的經理職位當然是一個美缺。你上下衡量了一下，公司裡最有實力競爭這個職位的就是你和另一位主管了。老闆已經找他談過話。那麼，輪到你時，老闆會是什麼態度？

如果他大肆讚揚了一下你的工作業績，從你從不遲到、不早退到業務技能熟練出色都點到了，臉上又笑容可掬，可你仍然沒弄明白他談話的要點是什麼，那你一定與這個美差無緣。正因為你不是他心目中的理想人選，他才搜腸刮肚，想出你那些不遲到、不早退的「小細節」來恭維你。事實上，無論哪個普通職員，都該具備這樣的「優點」，何況是你？老闆的這種舉動，目的在於做你「落選」後的思想工作，怕你事後心裡不痛快，於是提前送你一個甜棗吃，以安撫你的不滿情緒。

老闆可能先一本正經地跟你聊聊工作，然後忽然問你，你覺得那另一位主管的工作能力如何。這說明他正舉棋不定。在和那位主管談的時候，他肯定也以相同的問題問到了你，而他每次問話，都似乎偏向於與他談話的人。你可要注意哦，這可能是一個煙霧彈！

老闆也許熱情地招呼你坐下，然後把你的工作評價一番，而且提出一些中肯的意見，最後很鄭重地請你談談對整個公司的前景展望和對個人前途的規劃。他很專注地聽你講，頻頻點頭。那麼，這個職位非你莫屬了！因為儘管他對擴展業務、開公司的事一字未提，但他的舉動已充分表明他心裡認定你是經理的理想人選。他總結工作，提意見，讓你談未來，這分明是對你寄予希望，充滿愛惜和尊重的表現。

若你的老闆和那位主管談過之後，一直沒找你談，見到你也和往日並無二致，那麼他肯定已經拍板決定用誰了。這個人多半不會是你，除非他想給你一個驚喜。

## 99 如何把握上司話中的弦外之音

在公司與同事、特別是和上司相處，一定要處處留意。能揣摩出上司每句話的含義與意圖，才可能少做錯事。那麼，怎樣猜透上司說話的弦外之音呢？

不要把上司的話當成無目的，隨便說說。很多時候，他為了瞭解真實情況或職員的真實態度，會故意說一些話，對職員進行試探。當然，他也有馬虎行事，逃避責任的時候。比如他可能含含糊糊地答應你某件事，事後卻又後悔。這就需要你善於「察言觀色」，明辨其意，見機行事。

如果上司問道：「你將來有什麼打算？」那麼，他真正的意思是什麼？

你若是新進的職員或工作剛滿一兩年，資歷較淺，可以回答：「我想就目前的工作好好學習一段時間，再決定將來的方向吧！」因為你的上司會怕你只是把公司當作獲得資歷與經驗的跳板，一有所得即刻走人。你這樣說，會讓他放點心。

你或許已有四、五年的資歷，那就應該仔細考慮上司說這話的目的。首先，這可能是他不滿的表現。他覺得你工作這麼多年，卻始終沒有什麼突破，成績平平。

其次，他大概想促使你努力一點。他認為你這些年工作表現還算算不錯，頗能開拓些新的業務，希望你能更上一層樓；問你有何打算，就是在鼓勵你對自己是否有個更高的期許？以讓你再擔任更上層樓的職務。

當然，這句話也可能是人事變動的前兆。根據你平常的表現，上司在心裡已經有了打算，決定進行一些調動，所以這種詢問就變成了期末考。

一般而言，面對上司的這種詢問，你可以不卑不亢地表達力求上進的決心，以窺破他的真正意圖，再做出正確的選擇，恰當地應付隨之到來的情況。

# 100 如何揣摩上司說話的用意

某天，上司找你單獨談話。談著談著，他忽然露出誠懇又凝重的神色：「這件事我只對你一個人說……」那麼，他是真的對你如此推心置腹，還是另有所圖？

通常，這種上司內心都不大自信，怕下屬對談話不感興趣，因而故弄玄虛，弄得神神祕祕，以增加對下屬的吸引力。對於這種談話，大可不必太當真。

上司可能對某個部下的工作態度或工作成績感到不滿，卻又無法直接對他講，只好抓住另一個當「替罪羊」，發發牢騷。這種上司辦事不乾脆，優柔寡斷。所以，聽他說話，不必太在意，聽聽就算了，不要故意去迎合他。否則，可能更激起他對那個職員的不滿，你就成了落井下石，兩面不討好的角色。

上司的用意也可能是怕你把事情傳開。事實上，在他人背後議論是非，本來就很容易傳開。他知道會有這種結果，卻佯裝信任你而說出這番話，一旦傳出去了，他就會責備你：「話是不是你傳出去的？我早就告訴你不要傳開……」很可能「只對你一個人說」這句話，他不知已對幾個人說過了，傳開來是他自己造成的，卻反過來責怪你。這種上司損人利己，不可靠。

還有些上司純粹屬於「刺探型」，說這句話的目的是要套出職員的真心話，然後據此決定職員的前途和命運。這可就關係重大了。最好的辦法是故意裝傻，如果裝傻不成，也可直接故意說「我不清楚！」而不予具體的回答。這樣，上司即使心懷叵測，對你也無可奈何。不是我們不誠實，而是有些時候，我們必須學會保護自己。

如果上司改變問法，用另一種口氣試探：「這個問題，我想，問你最合適……」其實，這和「只對你一個人說」的涵義基本相同。但這種情況，他並非居心不良，大概是因為他對某個職員不滿，但又查不出他犯錯的證據，不便直接質問，而去試探其他職員，希望能找到答案。

## 101 如何尋找與老闆交談的最佳時機

在許多上司和下屬的關係中，特別是這種關係已經維持了很久，只要你有心，就可以透過其臉部的表情、身體的姿勢，推測他傳達信息的情況。這種職業的洞察力和警覺性，對你的事業發展是非常有價值的。

你最近在工作上出現一點麻煩，所以想和上司談一談。工作中的麻煩完全是因為你在情緒不安定時所造成。於是，你想察言觀色之後，再決定下一步行動。

你進入老闆的辦公室，看到他用筆輕輕敲著桌子，若有所思，心事重重。這時，你應該趕緊退出。因為很明顯，他心情不佳。你去打擾他，只會增加他的苦惱，反倒有害於解決你自己的問題。

上司的心情相當愉快，面部表情舒展。這時，你也不能放鬆你的警覺，因為他喜不喜歡聽你談事情也很關鍵。他若不想與下屬談話，臉上會出現疑慮，或者避開眼光。如果你未能體會，或者完全不理會他的表示，他可能移動身體，看看手錶，深吸一口氣，又用力吐出來。你若還不開竅，他可能站起來，收拾報紙，然後乾脆問你是否尚有工作要做。手腕高明點的，會告訴你，他還有些別的事待辦，或是要去赴一個約會。當然，警覺性高的下屬是不會讓上司扯這麼遠的。

有些上司不願聽與工作無關的話題。這時，他可能把腳斜到一邊，對你的話不置可否，只望著你，根本不搭腔。這是一種權威的表現。

或許，在你進去時，上司正坐在椅子上聽電話，身體斜倚著椅背，雙腳擱在桌面上。對你，他只用眼角的餘光瞄了一下，然後揮揮手，示意你坐下。掛了電話之後，他放下雙腿，人還是很慵懶地靠在椅背上，用手掌托住下巴，食指與中指擺在臉龐上，無名指與小指就放在嘴巴下面，面無表情地說：「你有什麼事，現在可以講了。」這表示他並不在意你的事。但聽你講著講著，他的身體慢慢往前傾，雙手擱到桌面上，目光集中在你身上，且面帶笑意。顯然，他已開始歡迎你的談話。

## 102 如何判斷老闆沈默所代表的含義

公司在管理上一直有個棘手問題。某日，你靈感突發，一個超完美的主意在腦子裡迸發。如果按此行事，你很有把握，可以讓局面改觀不少。你就像獻寶一樣，興奮而虔誠地帶著這個點子闖入老闆的辦公室，向他和盤托出。等你語音落定，他卻毫無表情地低著頭。等待你的不是叫好，也不是反對，而是令人窒息的「沈默」。這情形讓你手足無措，忐忑不安：難道我闖禍了，說了什麼不該說的話？

老闆為什麼沈默？冷靜一下，稍安勿躁，也許情況沒有你想像的那麼糟。很可能，在那寂靜的沈默時段，老闆正全神貫注地思考你的提議。

通常，一聽到有人提出關於公司的重要建議，老闆不會立即反應。他會花一點兒時間消化，此時沈默，正意味著他在認真思考，評估你所提之建議的可行性。

你可能懷疑老闆的沈默並不單純，其中有詐。這樣的想法也可能是對的。老闆們常常有這樣的觀念：對話之間，一陣恰如其分的沈默，是一種向下屬展現權力的方式。在他那個職位上，他有不少難言之隱，而你的方案恰恰觸動了他的痛處，他無從向你解釋，只能以沈默的方式擊退你。

或許這是他對你的考驗。那你大可藉機向他展現你的不凡勇氣——就算是處在混沌不明的狀況下，你也不會亂了陣腳。

如果他的沈默超過關鍵性的十秒，那麼，有九成機率，他正在等待你提供更多的信息，以利他做出決策。這時，你不妨再多做說明。然後反守為攻，問道：「還有其它需要我補充或解釋之處嗎？」以打破這要命的沈默。——最糟的是，沈默超過了十秒，老闆仍不置可否。那麼，這個提議十有八九泡湯了。

## 103 如何審視老闆的否定態度

老闆讓你做一份年度計畫，你就按照以往的套路寫了一份給他。由於以前出現過類似情況，最終你的計畫都得到了認可和貫徹，所以你想在這一次表現得更積極，先一步調動起各方面的資源，只等老闆在計畫書上一簽字就馬上執行。

可是，不久，老闆把你叫到辦公室，說：「這份計畫不是我想要的，請你重新擬一份！」你問他今年的計畫與往年有什麼不同？他只回答：「你自己好好想想！」此刻，你可犯難了：他到底想要什麼？你的老闆可能根本不知道自己要什麼，卻很明白自己不想要什麼。所以，否定你的計畫太容易了。

但路在何方，他本人可能也迷茫。很可能，老闆只是要你多提些方案，讓他有所依據，再逐漸勾劃出他想要的內容。他其實是想藉機試探，看你有多大能耐。

對這樣的「挑戰」，你也只能認了。你可以一次給他幾個想法去挑選，這樣就不至於一槍斃命。通常情況下，不妨根據老闆所給的模糊的主題，找出幾個可行的切入角度，再和他討論。或是提出一個與他完全背道而馳的新構想讓他驚艷！

## 104 如何判斷上司對你是否有反感

上級和下屬相處，他們的某些動作或語言會暴露出他們微妙的心理。

要瞭解一個人的心理狀態，對於他言行事舉止的每個細節，都要細心分析。

當上司勸說下屬打起精神努力工作時，下屬只是口頭上回答「是，是！」實際上卻沒什麼改進，也不打算改進，這一般都表示他心中對上司有些反感。

一般上級對下屬的談話總是居高臨下，緊盯著下屬的眼睛和每一個動作。下屬則大多態度恭敬，俯首帖耳地傾聽，並不時伴以理解或應酬性的微笑。這就是心理優越和心理劣勢的表現。社會地位低者對社會地位高者進行說明時，後者只是隨意附和，語調毫不客氣，這就顯示出他的鄙視。

上級對下屬有所反感，大部分情況下不會壓抑在心底，而是直接表現出來。例如，談話當中突然離席，故意讓你久候；談到主題時，故意岔開話題；假裝正在思考問題，將視線移到別處；更有甚者，根本不聽你的談話，一個人看起報表來。

## 105 如何判斷老闆是否拒絕你

上司與下屬的關係並不特別和諧，原因何在？原來，有的下屬太遲鈍，領會不了上級的意圖。

公司開會時，主持會議的主管突然移動身體，把腳對著門口坐著。這表明他要結束會議。這時，下屬就要「識相」一點，減少發言，甚至不發言，或者使自己的發言盡可能簡潔明瞭，絕不拖泥帶水。

向上司提出建議時，上司皺了一下眉毛，避開你的眼光，這就說明他不同意你的建議。這時，如果你還不理會他的動作，他或許會看看手錶，嘆口氣等等，甚至直截了當地說他還有事待辦。顯然，他已經對你「懷恨在心」了！

## 106 你坐的位置可能會影響客戶的心態

做生意，必須和客戶打交道，客戶就是你的上帝。揣摩他們的心理，對於你是否做成生意至關重要。和他們談話，你必須坐在讓他們感到舒服的位置。

你是某電腦廠商的能幹推銷員，為了開發新客戶，到某公司拜訪。你被招待到會客室。你的客戶先坐下來。這時，你會選擇哪個位置？

如果你慣用右手，考慮到拿目錄或價格表做說明時，可能會坐在客戶左前方。但是，你若選擇這種位置，對方可能因為你的存在，覺得自己的弱點受到脅迫，生理上、心理上產生一種不快的感覺。

其原因在於「心臟」。對方覺得來自接近心臟方向的壓迫感，從而本能地產生防衛心理。另外，就對方的立場而言，自己的左側遭到威脅，很難用手進行反擊。

你若坐在客戶右前方，自己身體的左側敞開，朝向對方，似乎使自己處於不利的地位。但這個位置可讓對方在生理上感到安心，從而順利地展開推銷工作。

如果你和客戶面對面，也許你會以為，這樣有利於彼此坦誠相見，顯得富有誠意。然而，大多數客戶都不願把自己與對手放在同一水平上。否則一覽無餘，會讓他們很不舒服。這樣的推銷工作像是針鋒相對的談判，會讓他感到緊張。

## 107 如何揭穿生意夥伴的謊言

外表和服飾經過精心修飾，可以為自己的真意蒙上面紗。反之，不經意的穿著打扮，可能把自己的心理暴露無遺。

你和一位電腦公司的老闆在咖啡館裡悠閒地洽談生意。對方是一位年輕的創業家，交談時處處展現自信，態度怡然自得。你已被他的風度所打動。於是，你們口頭達成協議，說定幾天後簽下合同。

然而，你第二天無意中路過這家電腦公司，決定順便拜訪這位「創業家」。其後，你的主意完全改變了。你慶幸自己沒有花掉一筆冤枉錢。

你進去時，看到他穿著白襯衣。一看見你，他才趕緊穿上外衣。你注意到他襯衣的領子顯然有好幾天沒洗了。

他對你的到訪顯得有點局促不安，而且頻頻向你道歉他公司的簡陋和雜亂。和你交談時，他的眼神閃爍不定，手上一直擺弄著一隻鋼筆，對你說的每一句話都不假思索地表示贊同。最後，在與你握手道別時，他只是輕輕地握了一下。待你下樓，樓下的管理員告訴你，他們已經付不起租金而準備搬家。

那年輕人在咖啡館裡表現得胸有成竹，對客人的偶然來訪，卻表現出明顯的不安和恐慌。為了掩飾自己的不整潔，他慌忙穿上外套，且頻頻道歉，這是因為他心理上處於劣勢。他眼神閃爍，擺弄鋼筆，又透露出他內心的焦灼和缺乏信心，甚至因緊張而來不及思考，對來訪者的話唯唯諾諾；尤其在握手的時候，他的畏縮更使他內心的虛弱暴露無遺。跟這樣的老闆交易，受損失是必然的。幸好，識不破語言，我們還可以破譯其動作和行為。

## 108 如何判斷顧客的心理意圖

雖然商場促銷員的推銷術千篇一律，顧客的反應卻各不相同。那麼，促銷員怎樣判斷顧客到底喜不喜歡你的商品呢？

美國心理學家保羅．埃克曼指出：「我們用聲帶交談，但我們是用面部的表情、聲調，乃至整個身體去表示和傳遞感情。」

迎面而來的顧客總是左瞅瞅右瞅瞅，見到那個眼前一亮，見到這個眼前也一亮。那麼，他來逛商場肯定沒什麼目的性，只是隨便看看。

你向他推銷一件衣服。他說：「我不喜歡這個顏色！」那麼，他顯然頗喜歡你的商品。他是在問你，還有沒有其它顏色可供選擇。

顧客邊翻弄衣服邊說：「好像不錯……」那麼，他肯定對他所看的商品很中意，只不過，他想先去別處逛逛，比較一下再做決定。若他反問：「好看嗎？」這顯示，他一定很喜歡。因為這種問題問賣方根本毫無意義，只能說明他買意已定。

顧客只是淡漠地說：「挺漂亮的……」就把臉轉到別處。那麼，他一定在想：衣服好看是好看，對他自己卻不合適。

即使顧客不說話，你同樣可以透過觀察其動作、神情，判斷他的內心活動。他可能在商場逛了幾圈，有兩次以上翻動或留意了某件服裝。這表明他對那種款式的衣服很有興趣。

顧客動手摸了摸這個，又摸了摸那個。當促銷員向他走去時，他又躲開了。顯然，他怕詢問和介紹；無論喜不喜歡，他都不會買。

試穿商品時，顧客未吐一字，只是反覆擺弄，在鏡子前左看看，右看看，微微蹙眉，這表明他心懷不滿。如果他在鏡子前左照右照，並沒有反覆摸衣服的某處，眼神專注，嘴部線條保持原樣或微抿、微翹，這透露出他對衣服穿在身上的效果一定很滿意。

## 109 如何判斷客戶是否有誠意

無論人的性格差異有多大，在接受或拒絕某件事時，都會表現於肢體語言。也就是說，人的表情、舉止和聽似模糊的語言，都會折射出或肯定或否定或不置可否的各種不同心理。

你是個推銷員，最頭疼的就是不知道客戶買還是不買？他們不到最後一分鐘，絕對不會透露心中的真實想法。

通常情況下，一個顧客的眼睛若是向下看，臉轉向旁邊，就表示你被拒絕了；如果他的嘴放鬆，笑容自然，下顎向前，表示他會考慮你的建議；假如他注視你的眼睛幾秒鐘，嘴角乃至鼻子的部位帶著淺淺的笑意，笑容輕鬆，而且看起來很熱心，這個買賣便有可能做成。

客戶很可能對你的產品只是提一些很表面化的問題，在你向他解釋產品時又不認真聽，只是「嗯嗯、啊啊」地不置可否。顯然，他是在敷衍你。除非你的解釋能讓他眼睛一亮，才可能改變他既定的主意。

即使客戶表現得很有興趣，也不代表他一定會買。如果在聽你介紹時，他偶然溜出一句：「是不錯！」那麼，他肯定會因為價錢和使用價值等方面的因素而拒絕購買。他的潛臺詞是：「但……」

聽你介紹時，他若一直點頭說「嗯嗯」、「哦」，那十有八九他也不會買。因為一個客戶不對商品進行挑剔，不提問題，就表示他的興趣早已降為零。

有些特別追求完美的客戶可能說：「要是……就好了！」顯然，他也不太可能與你成交。

客戶要求你提供一些產品的資料。這要分成兩種情況：一種是他厭倦了你在他面前喋喋不休的推銷或他此時沒時間聽，所以先拿上資料，打發你，好讓他自己放鬆一下。另一種是他比較慎重，認為你的推銷詞裡難免含有水分，不如拿點資料，好好研究一下，再決定買還是不買。這種舉動已經算是十分積極了。

你的客戶一見到你就說他很忙，沒時間，讓你稍後打電話過來再談。留心，他這是在拖延時間，如果你沒有足夠的耐心說服他，你們就不可能成交。

顧客的姿態、神情也會透露出是否成交的信息。

在你和客戶商談時，他正襟危坐，身體微微前傾，睜大雙眼，一副準備行動的樣子，這說明他購買的欲望很強烈。反之，他可能把筆放在一旁，看看手錶，或把手放在後腦。這是暗示你，他不想談下去了。或者，他手指展開，放在膝蓋上。這表示他很開放，你的生意八成會成交。

你和客戶洽談時，他神情愉悅，態度和藹。這時，你必須提高警覺，因為他可能企圖隱瞞一些信息。親切和客氣，有時反而是拒絕的信號。

顧客詢問：「這要花多少錢？」「時間怎麼安排？」「我們如何執行？」「誰來做這件事？」等等，這些反應表示他已經把自己想像成產品的所有人，是一個好現象，你們成交的可能性非常大。

如果你正拜訪一對夫婦，那麼請注意他們雙足交叉的動作。因為夫妻中誰先交叉自己的腳，就表明他（她）在家庭中占主導地位，你跟他談才算數。

## 110 如何推知談判對手的想法

在商場上，談判是經常遇到的事。小到買東西討價還價，大到國際間的貿易折衝，都會用到談判的技巧。身為一個談判者，應該據理力爭，盡力維護己方的利益。

你是某家公司內部舉足輕重的人物，正率領代表團和外商進行艱苦的談判。這時，你注意到談判桌下的腳呈現出不同的形態。這會幫你的忙。因為從腳的習慣動作中，你可以看出一個人的心緒。

某人兩隻腳踝相互交疊，你就應注意此人是不是正在克制自己。因為一個人在克制強烈的情緒時，會情不自禁地腳踝處緊緊交疊。各種場合，無一例外。

談判時，對方身體坐在椅子前端，腳尖踮起，呈現一種殷切的姿態。這極可能是他願意合作，且態度積極表示。

說話時身體挺直，兩腿交叉蹺起。這一姿勢表示懷疑與防範。所以，在推銷商品或個人交往中，要注意那些「架二郎腿」的人。對那些坐在椅子上，蹺起一隻腳跨在椅臂上的人要時刻警惕，因為這種人往往缺乏合作的誠意，對別人的需求漠不關心，甚至還帶著一定的敵意。

對方雙腳自然站立，左腳在前，左手放在褲袋裡。這種人的人際關係相對而言較為協調，所以他們從來不給別人出什麼難題，為人敦厚篤實。這種人平常喜歡安靜的環境，給人的第一印象總是斯斯文文的。不過，一旦碰上令他氣憤的事，他也會暴跳如雷。所以，既然他是對方談判團的成員，絕不能認定他「沒什麼脾氣」，必須加以重視。

對手雙腳自然站立，雙手插在褲袋裡，時不時伸出又插進去。他比較謹小慎微，凡事喜歡三思而後行。工作中，他多半缺乏靈活性，很固執。所以，想說服他，可要下一番功夫。

最容易對付的人應該是那些兩腳並攏或自然站立，雙手背在腰後的人。他們大多在感情上比較急躁，很容易被激怒。而且，他們很少對人說「不」！

較不容易對付的人總是雙手交叉，抱在胸前，兩腳平行站立。這表明此人具有強烈的挑戰和攻擊意識。

在談判桌上大出風頭的一定是雙腳自然站立，偶爾動一下雙腿，雙手十指相扣於腹前，大拇指相互來回搓動的人。這種人表現欲特別強烈。如果舉行遊行示威，他充當的角色大都是領頭先鋒。

你發現對方兩腿不停地抖動，或者用腳輕輕地敲打地面，表明他的心裡很緊張或無聊、無奈。對方會重複不斷地蹺腳，一會兒左腿放在右腿上，一會兒右腿放在左腿上。這表示他對會談不感興趣或感到厭煩，不想談下去了。

## 111 如何推知談判是否能成功

你和對手的談判僵持了三天，終於在第四天定下繼續往好的方向努力的基調。接下來，成敗與否就看今日。這時，你怎樣透過對手的動作，判斷他們的心理？

對方臉上笑嘻嘻，一副非常滿意的表情，嘴上說：「這次一定考慮考慮！」他這是在製造假象，好讓你放鬆警惕，最後他再來個出奇制勝。

對方面無表情，內心變化萬千，因為怕被人窺探，正努力克制。顯然，他心懷不滿，對你有一萬個不滿意。這時，談判很難成功。

對方一直把雙臂交叉在胸前。稍有一點心理學知識的人都知道，這是一種保護身體、隱藏個人情緒以對抗他人的姿態。這表明他一定會堅持自己的主張，無論你怎樣和他交涉，都無法越雷池一步。

對方有一條腿的腳踝平放在另一腿的膝蓋上，呈「四」字形。這表明雙方的談判已經到了非常激烈的階段。待他覺得談判已趨向達成協定，就會把腳放下，身子向前移動。若他感到自己已經穩操勝券，就會讓雙腿平穩地支在地板上。

對方緩慢而細心地把眼鏡摘下，小心地擦拭著。即使鏡片根本不需要擦拭。他也故意這麼做。這是因為他很想提出反對的意見，澄清問題；或是在提出問題前，延遲一些時間，以便再做思考。如果他把摘下的眼鏡扔在桌面上，那就說明他的情緒已近於崩潰，不想再和你談下去了。意即：「你的要求太離譜了！」大多數人，不論其是否研究過這種姿態，總是以這種方式表達出自己的反抗之意。

對方動了動身子，坐在椅子邊。這個動作若和一些表示感興趣的姿勢一起出現，無疑是一種願意合作的信號。與對方簽約的姿勢，往往是大半個身子不在椅子上，將全身重量都移到椅子前端，顯出極為熱切的樣子。

談判對手把手放在臉頰邊，表示他或許感到無聊，或許心中正暗暗評估你。他若對你心存好感，這動作可以看作是贊同某種程度的合作。如果有十個人坐在椅子上，腿都蹺起來，其中五個人手挨著面頰，那麼，大多數有經驗的人都會認為，那些手挨著面頰的人必然比較願意合作。

談判對手開始解開外套的扣子。恭喜，這樣的姿勢，不僅表示他已敞開胸懷，願意接納你和你的意見，而且還表示他正注意傾聽你的陳述。

若他以職務名銜稱呼你，而且有意無意中強調你的職稱，這就表示他對於你所說的很感興趣，有可能與你合作。

## 112 如何推知面試者的心態

剛從學校畢業，亦或剛被炒魷魚，那就好好找個工作吧。很不幸，雖經多次面試，卻無一獲得錄取。也許失敗的原因很多，但面試時一些不經意的小動作，都會成為主考官判斷面試者個人成績的依據。

你到某公司去面試。在會客室與負責人講話時，你不覺間又做出亂拍亂摸的習慣性動作。這些動作很容易暴露你的心理狀態，從而影響負責人對你的判斷。

觀察某人會下意識地碰觸身上的哪個部位，就可知此人的深層心理。用手碰觸自己的頭（但不是像柯P那種習慣性的抓頭），表示此人心懷害羞或歉疚之情，或是想掩飾失敗，或是感到有責任在身。

碰觸臉或嘴、鼻子附近，表示身體已相當疲乏。一個人被迫等待，或對眼前的事情感到不快，會反覆地用手摸嘴和鼻子。這時，主考官問話，他一定敷衍，不然就撒謊。如果他以手摸嘴巴，或用手掌掩住嘴，也是表示不耐煩。

面試者用手指摸眼尾或眼角。他一定在想著其它事情，或心中有所打算，面對考官，他正思考著如何回答才會討考官歡心。

有很多人會做出用手抓抓耳朵或摸摸耳垂的動作。這多半是不知如何回答的表示。因為他們思路不順暢，正處於不安的狀態。

用手拍拍肩膀，像要拍落肩上的髒東西，或捶捶肩膀。這是想讓周圍的人知道，他正努力集中精神於某一事物，或想讓周圍的人賞識他自我顯示的信號。另外，一個人想從厭煩的事情中解放，或想改變氣氛的時候，也會碰觸肩膀。

碰觸手臂的人，面對考官，一定覺得不知所措，或是覺得考官問得太無聊。

有著強烈「希望被愛」、「希望被撫摸」之願望的人，下意識中多半會做出把手放在自己胸前，或用手摸摸腹部的動作。這是一種舉止上的「自慰行為」。

一個人想表現自己的力量時，會做出拍拍胸部或腹部的動作。

某人用手碰碰自己的腰和膝，表明了此人充滿自信，希望獲得對手的承認。此外，心情極為焦慮時，也會做出此種動作。

一個人想虛張聲勢時，會把手插入褲袋，或手插腰，擺出一種傲慢的姿態。

## 113 如何推知求職者的心態

求職是一種莊重的社交活動，其要求頗為嚴格和規範。面試基本上是在室內進行，以坐為主，時間長。面試官從求職者的坐姿中，可窺探出他們的一些心理。

應試者身體靠向沙發背，兩手置於沙發扶手，兩腿自然落地、叉開，表明他輕鬆自如，內心充滿自信。應試者身子稍向前傾，兩腿並攏，兩手放於膝上，側身傾聽，說明他很尊重對方。若他身體坐在椅子前沿，身子向前，倚靠於桌上，頭微微傾斜，表示他對交談內容非常感興趣。坐在椅子上交談，微微欠身，表示應試者謙恭有禮。身體後仰，甚至轉來轉去，是一種輕慢、失禮的行為。應試者整個身子側轉，表示嫌棄與輕蔑。背朝談話者，是對考官不予理睬。當然，一般求職者不會做出這種舉動。

求職的人腿靠向椅子，上體正直，輕緩落座，表示他很自信。女性求職者若著裙裝，落座時用手理了一下裙邊，把裙子後片向前攏一下，坐下後雙腿並齊，挺胸立腰略收腹，手放在膝上或椅子扶手上，掌心向下，雙膝並攏或微微分開，雙腿正放或視情況向一側傾斜，也反映出她自信的心理。

如果沒有指明應試者明確的座位，由他自己選擇座位或親自搬動椅子就座，就更可能透露他心裡的祕密。座位有上下尊卑之分，選擇什麼位置就座，往往就顯示出應試者的態度和傾向。在社交場合，距離也是一種空間語言，可以表情達意。如果應試者擺放椅子的位置離主考官很近，且於正中，和主考官直線面對面，表明他的自信心很強，絲毫不畏懼與主考官近距離接觸。相反，若應試者選擇在離考官較遠之處就座，顯然，他是信心不足。

## 114 如何揣測主試官的心態變化

求職中，我們會碰到形形色色的面試官。只有揣測他們各自不同的心理，才能在求職成功的天平上增加一個砝碼。

應聘者走進面試室，只見主試者呆坐在那裡，對他的出現沒有任何反應，好像他不存在似的。應聘者渾身不自在，很客氣地出聲寒暄。主試者仍未表現出半點熱情，更未注意應聘者的一舉一動，第一句話就是：「嗯，請坐。」然後再無下文。直到應聘者開口介紹了自己的情況後，他才提出問題。碰到這樣的主試者，再怎麼高明的交際能手也會束手無策，一般新手更會不知所措。

這種類型的主考官實際上就像嚴格遵守紀律的德國人，滿腦子條條框框。他心中想的無非是少說廢話，馬上按程序開始面試。對此，應聘者只須按部就班發揮即可，不要做過多的自由論述。

不過，冷若冰霜的主試者說不定心中也有些緊張，他說的話有時顯得生硬不靈活。但他也許是外冷內熱，表面總像拒人於千里之外，實則心慈手軟。

應聘者不妨多注意他的一舉一動，從其言談中找出他真正關心的問題，隨便和他聊聊。只要能夠使他主動開口，事情就好辦多了。冷冰冰的人一遇到自己感興趣或關心的話題，多數會神情為之一變，話也多起來。

主考官可能一見到你，馬上主動讓座，握手，然後茶水端上，彷彿招待貴賓，令你受寵若驚。緊接著，他又添上幾句讚美之辭，如：「你是名牌大學畢業，我們單位可是小廟，委屈你了！」一切看來都相當順利，你自我感覺良好，心情愉快，心想這下一定百分百之成功。其實，這一切都是假象。這類主試者表面看來謙虛親切，容易通融，內心卻清醒得很。他永遠讓應聘者感到可親可敬，用贊同的語氣與你交談，如「你說得不錯」，然後又巧妙地走到反面，而且讓你感到他確實言之有理，如「不過，這個問題，我認為……你說對嗎？」

熱情有加的主試者在心理上占有絕對優勢，因為他比應聘者更會「做戲」，從而緊緊掌握著應聘者。他們是想讓應聘者充分表達，暴露缺陷。他們有辦法使應聘者信任他，從而不加防範。

有的主考官與應聘者握手時僅是碰碰而已。他們待應聘者非常禮貌，非常客氣，無可挑剔，但總是保持距離，好像外交場合的談判代表一樣。他們對人熱情，又像是很冷漠，從來不會自己主動挑起話題。這類主考官心思細密，城府深，不會輕易讓你洞察其心。碰見他們，沒什麼好辦法，該怎麼發揮就怎麼發揮吧。

有一種主考官，說話雖然客氣，但裝腔作勢，眼神傲慢，且臉上無一絲笑意，經常用鼻音或「哼哈」之聲應付人，甚至不理不睬。

傲慢的主試者分成兩類：一類是裝出來的，目的是為了考驗應聘者的心理承受力。遇上這種主試者，應聘者一定要打贏心理戰，不要產生自尊心受到傷害的感覺。另一類是主試者利用面試的機會，滿足心理上的需求。他們本人實際上並非表面上那麼威風，平時不受上司重用，或是懷才不遇，心有不甘，故此對招聘工作產生抗拒感，於是透過面試這種公開露面的機會，發洩心中的不滿。

有的主考官好像聾啞人，坐在那裡，只等應聘者自己介紹。你不得不沒話找話，談天說地。可最後他還是死活不開口，示意面試就此結束。其實，這種主試者當然不是啞巴，也不是木頭人，只是採用一種日本式不動聲色的面試策略。他自始至終一言不發（更不要說面帶笑容了），或最多在完事時吐出幾個字：「你可以走了！」留心，他是有意讓你占據主動，看你如何應變。

遇上這種場合，應聘者若是六神無主，自然只能慘遭淘汰；如果應聘者面不改色，使盡渾身解數以改變局面，則成功在望。

有的主考官克制不住自己的嘴巴，一張嘴說個沒完沒了。這類人通常無心傾聽應聘者的發言，只求淋漓盡致地表現自己。

說話過多且眉飛色舞的人總難免放鬆對他人的觀察，所以你無須處處有所顧忌。但表面上一定不要懈怠或出現疲倦的神情，只需做個專心的聆聽者，不要隨便插話提問題。

某些主考官主持面試時，一切都按部就班，卻又顯得漫不經心。這是因為他們經常主持面試工作，以致於有些麻木，對於應聘者的到來，他們當然毫無新鮮之感，更不要說產生濃厚的興趣了。他們問話時總是心不在焉，說話總是偏離主題，常常言不由衷。這時你若不表現出你的亮點以及與眾不同的特點，大概十有八九會沒戲唱了。

## 115 如何在面試中物色到好人才

如今面試已成了一門學問。你若是個面試官，就必須擁有一雙慧眼，能察言觀色，識人心理，才能物色到真正的人才。

參加面試工作時，你發現，由於應聘者的心理狀態會有所不同，從而就做出風格迥異的手勢。你可以透過這個來判斷他們的心理。

一、雙手插在褲袋，露出拇指，是具有傲慢心理的反應。這類人可能以前做過主管的職務，因此自我感覺良好。他說不定並沒有把你放在眼裡。所以，你有必要在氣勢上壓倒他。

二、面試者來回擦著自己的雙掌，表現出不安、不知所措、焦慮等情緒，那麼，他肯定很想得到這份工作。

三、若他兩手相對成尖塔，這類人自信心相當足。他極可能曾是高階層的白領人士。當然，他的簡歷會告訴你這一點。

四、雙臂交叉胸前，表示他心理上拒絕接受你，而且對你始終保持著一種戒備的態度。他不喜歡你，所以你不錄用他，他也不會有太多遺憾。喜歡把手交叉著放在胸前的人，表明他自負自大，自視甚高，目空一切。

五、應試者頻頻揮動雙手，或習慣性地雙掌牢牢互握，都表明他情緒緊張，異常激動，或是得意忘形。

六、反之，有的人的雙手無力，鬆軟下垂，或雙手相互不自覺地抱著，表明他有虛心與放心兩方面的心理。虛心者會認真傾聽你的話；放心者則覺得自己表現不錯，應該會被你錄用。

七、有些人雙手閒不住，談話時也動來動去，說明他的心境很不平靜。在等待你時，他會無意識地動動桌上的東西，顯得心神不定。就一般情況而言，當一個人有心事想掩飾時，下意識會做些別的事做掩護。

## 116 如何推知自己面試後的結果

你參加了一次公司的招聘面試。你很想得到這個職位，心裡難免七上八下。面前的主考官似乎很和善，但有點不可捉摸。那麼，怎樣才能知道他是否會錄用你呢？

主考官在問完一系列問題之後，最後問你目前住在哪裡，那麼十有八九，你成功了。因為只有在他對你感到滿意之後，才可能關心你住家的遠近。

主考官可能問道：「你結婚了嗎？」他為什麼問這個？一、是他公司的工作需要經常加班或出差，只有單身沒負擔的人才能全心投入，他想看看你符不符合條件；二、是他覺得你各方面條件都令他滿意，他想以此探一探你是否合適，合適的話就要定你了；三、是他無所謂對你滿意不滿意，就是隨便問一下，因為你的年齡和工作狀況都讓他感到好奇。

主考官的眼睛幾乎沒和你對視，只是隨意問了你幾個問題，而且他顯得很忙碌。咳！你多半沒戲唱了。他肯定不會這樣對待一個令他滿意的人。

面試時，主考官接到電話，聊個沒完，絲毫不重視眼前的你。這時，你也唱不了戲，因為你們之間的談話沒有讓主考官發現亮點，他對你不感興趣。也或許是因為這位主考官本身太沒禮貌，不懂得尊重你。

主考官的辦公室說不定會有什麼人有事進來。這時，如果他因為跟這人關係好，就開玩笑地說：「喂，幫我看一下這人怎麼樣。」那你百分百得下場了。因為他太不嚴肅，對你的面試顯然只是過過場，他根本不會認真聽你的談話。

面試時，因某種特殊原因，主考官必須走開，於是他抱歉地讓你明天再過來談。這種情況，你有可能被錄用。他的舉動表明他對你挺感興趣。否則情急之下，他完全可以讓你回去等通知。

面試結束後，主考官若是讓你等通知，不是他效率太慢，就是在敷衍。他並不想錄用你。你千萬別眼巴巴地在家裡滿懷期待，白白浪費了時間。

或許他會說：「三天後你打電話給我們……」顯然，你這時也只能下台。他若要錄用你，肯定會主動滿世界找你，幹嘛非要你主動打電話問呢？

## 117 如何透過目光看人的心態

眼睛是心靈的窗戶。語言可以欺騙我們，眼睛卻無法掩飾真相。

在公司大會上，你主動請纓，向老闆申請到他剛剛起步的分公司去任經理。場內鴉雀無聲，人人都把目光投向你。

上司瞄了你一眼，又閉上眼睛。這是一種「我相信你，去做吧」的身體語言。閉上眼睛，再睜眼一望，如此不斷反覆，就是尊敬與信賴的表現。

當有人與你視線相接，他先移開目光，表示他對你滿不在乎。

眼睛上揚，是假裝一臉無辜的表情。這是想證明自己確實無罪，意思是說：「我跟這事沒關係！」

目光炯炯看人，上睫毛往下壓，幾乎與下垂的尾毛重合，造成一種令人難忘的表情，傳達出某種強烈的心緒。

斜眼瞟人，是想看人一眼又不願被發覺，表明此人生性靦腆，很容易害羞。這種動作等於在說：「我太害怕，不敢正視你，但又忍不住想看你。」他不是已被你吸引，就是心懷妒忌。

眼眸閃亮，是因情緒激動，促使淚腺分泌，帶來潤澤之效，但又未到足以落淚的地步。所以，若對方眼睛閃亮，肯定是情緒興奮，正在努力克制。

睫毛搧動、眨眼睛等動作，代表一種極力抑制的心情。眨的速度慢，幅度大，意思就是說：「我不敢相信我的眼睛，所以大大地眨一下以擦亮它們，確定我所看到的是事實。」睫毛搧動時，眼睛也迅速開閉，是一種賣弄天真的誇張動作，好像在說：「你可不能欺騙我哦！」或是「我是不是很漂亮呢？」

用一隻眼睛使眼色，表示兩人之間有某種默契。它所傳達的信息是：「你和我此刻所擁有的祕密，其他任何人都無從得知。」

在社交場合，兩個朋友間互擠眼睛，表示他們對某項主題有共通的感受或看法，關係比其他人更親密。兩個陌生人之間若擠眼睛，則具有強烈的挑逗意味。由於擠眼睛表示兩人之間存在別人無法領會的默契，自然會使第三方產生被疏遠的感覺。因此，不管是偷偷或公然為之，這種舉動都被視為失態。

目光閃爍不定的人，是缺少對事情深思的能力，是屬於浮燥的衝動派。

目光著點不定的人，精神上存在不安定的狀態，內心深處有不平之氣，心情不穩定且焦躁不安。

眼睛往上吊，說明心裡一定藏著不可告人的祕密，怕被發現不敢正視對方。

眼睛往下垂，有輕蔑人之意，要不然就是不關心人或心態驕傲。

總之，人與人之間的交流，語言可能可以造假，但身體語言卻在不經意之間出賣了你……

〈全書終〉

國家圖書館出版品預行編目資料

馬上活用讀心術／章子德／著，初版 --
新北市：新潮社文化事業有限公司，2023.01
面；公分

ISBN 978-986-316-854-6（平裝）
1. CST：行為心理學　2. CST：讀心術

176.8　　111017373

**馬上活用讀心術**

章子德／著

【策　劃】林郁
【企　劃】天蠍座文創
【出　版】新潮社文化事業有限公司
電話：(02) 8666-5711
傳真：(02) 8666-5833
E-mail：service@xcsbook.com.tw

【總經銷】創智文化有限公司
新北市土城區忠承路89號6F（永寧科技園區）
電話：(02) 2268-3489
傳真：(02) 2269-6560

印前作業　菩薩蠻電腦科技有限公司

初　　版　2023年01月